しあわせの高齢者学 2

樋口範雄 編
武蔵野大学しあわせ研究所

「古稀式」という試み

武蔵野大学出版会

はじめに

本書は、武蔵野大学しあわせ研究所の主催で、令和5年9月30日に武蔵野大学武蔵野キャンパスにて開催された「第2回 高齢者学シンポジウム 古稀式 さらなる豊かな人生の門出を祝う会」の講演録を中心にまとめたものである。また、併せて、本学の古稀式開催を先導された池田眞朗本学法学研究科長による、古稀式開催に至る背景やその意義、特にビジネス法務学とのかかわりに焦点を当てた論考を掲載させていただいた。さらには第2回古稀式のキックオフイベントとも位置付けられたシンポジウム「高齢者法のカリキュラムと実務家教員の活躍の可能性――これからの『高齢者法学』の確立を目指して」（本学法学研究所・実務家教員COEプロジェクト共催。令和5年3月7日開催）の記録を収載した『武蔵野法学』第19号から、お許しをいただいて同シンポジウムのほぼ全容を転載させていただいた。

本書を通読されることで第2回古稀式の全貌を把握できるだけでなく、その意義や高齢者学を取り巻く諸課題についても理解を深めることができる、贅沢な一冊に仕上がったものと自負している。そして同時に、本書によって、本学が高齢者問題をいかに重要な教育研究上のテーマに位置付けているかという一斑をもお示しできたかと愚考する。

この場をかりて、古稀式開催にご尽力いただいた諸先生方をはじめご関係各位、また、当日ご参加されたすべての方々に深甚なる謝意を表させていただきます。そして、本書が多くの方々に読まれることを念願しております。

なお、第1部の導入をスムーズにするために、当日、司会者が行った「古稀式開催の趣旨説明」の原稿を、以下に紹介させていただくことをお許しいただきたい。


「本日は武蔵野大学しあわせ研究所主催 第2回高齢者学シンポジウム『古稀式 さらなる豊かな人生の門出を祝う会』にご来聴いただき誠にありがとうございます。

はじめに簡単ですが、本シンポジウムの趣旨説明を行います。

私ども、しあわせ研究所は、本学の「世界の幸せをカタチにする。」というブランドステートメントを具現化するために設けられた、多くの教職員が関わる全学的な教育・研究機関であります。

当研究所では、多くの人々のしあわせの実現を目指し、日夜、教育研究に励んでおりますが、超高齢社会を迎える日本においては、特に高齢者の方々のしあわせを考えることは重要かつ、喫緊の課題と受け止め、高齢者問題の教育研究にも注力しております。当研究所の高齢者学の分野におきましては、特別顧問を務める高齢者法の権威でいらっしゃる樋口範雄教授を中心に、さまざまな研究活動が行われておりますが、本シンポジウムもその流れの中に位置付けられるものであります。

ところで、高齢者学はさまざまな分野に関係する学際的な学問であり、また、いわゆる産官学の連携が極めて重要な分野でもございます。このため本シンポジウムでは、地元自治体4市、すなわち西東京市、武蔵野市、三鷹市、小金井市のご後援をいただき、また、当該分野にご造詣の深い、一般社団法人 全国地域生活支援機構様にも共催という形でお力添えをいただくなど、まさに産官学が連携した形が整うことになりました。

ご関係各位に心から御礼を申し上げます。

また、本シンポジウムは、古稀式としてご高齢の方々をお祝いすると同時に、高齢者の方々のこれからの学びの機縁となることを目指すものでもあります。本学が皆さま方の今後の学びのお手伝いができますならば幸甚に存じます。

最後に本日のシンポジウムの概要をお伝えします。本シンポジウムは3部構成となります。第1部は、来賓のご挨拶、そして、第2部は、秋山弘子先生の基調講演、続けて、会場を移していただき、第3部として4つのワークショップという内容でございます。本日はご来賓の池澤隆史西東京市長様、松下玲子武蔵野市長様、白井亨小金井市長様、そして、基調講演の秋山先生をはじめ、ワークショップでご登壇いただきます駒村康平先生、葛岡英明先生、そして、菅原育子先生にお話を伺えるという大変な光栄に浴すことができました。諸先生方、ご関係各位に心より御礼を申し上げます。

どうか、ご来聴の皆さま方におかれましては、最後までゆっくりとご参加いただき、高齢者学の広がりと奥の深さを十分にご堪能いただければと存じます。なお、本日のワークショップにご登壇予定でした飯島勝矢先生が、ご体調不良によりご欠席となりましたことをご報告させていただきます」


武武蔵野大学しあわせ研究所 副所長・副学長　石上 和敬

目次

第1部　基調講演

長寿社会に生きる
～セカンドライフの上手な設計～

「長寿社会に生きる
～セカンドライフの上手な設計～」

東京大学名誉教授　**秋山　弘子**

司会　お待たせいたしました。これより秋山弘子先生から、『長寿社会に生きる～セカンドライフの上手な設計～』と題する基調講演を賜りたいと思います。

東京大学名誉教授でいらっしゃる秋山弘子先生は、１９７０年代にアメリカに留学をされました。そして、当時アメリカで注目され始めた、ジェロントロジー、これは老年学とか高齢者学と訳されるようでございますが、このジェロントロジーを学ばれました。日本では、有吉佐和子さんの「恍惚の人」がベストセラーになっており、日本でも人口の高齢化はすでに大きな課題と認識されていました。アメリカでジェロントロジーに出会われ、研究を続けられ、その後、ミシガン大学の教授などを長くお勤めになられました。

日本に帰国後には、将来の日本社会におけるジェロントロジーの重要性や必要性を訴えられて、わが国の老年学の先駆けとして、また、第一人者としてご活躍されることになられました。主要なご経歴はチラシのほうに書かせていただきました通り、ミシガン大学の教授、そして東京大学の教授、また日本学術会議の副会長などを歴任されています。

このように、長寿社会におけるよりよい社会の在り方を追求し続けておられる秋山先生のお話を本日、古稀式において拝聴できますことは、私どもにとって大変光栄なことであり、有難いご縁だと存じます。それでは秋山先生、どうぞよろしくお願い申し上げます。

秋山　ご紹介いただきました秋山でございます。過分なご紹介ありがとうございます。また古希をお迎えになりました皆さま、本当におめでとうございます。私は、かなり前に古希を迎えました、少し先輩でございます。そういう立場から私の経験も含めて、お話をしたいと思います。本日は「長寿社会に生きる～セカンドライフの上手な設計～」というテーマでお話をさせていただきます。

人生１００年時代といわれております。私は常日頃、**「長寿社会の課題は３つある」**と申しております。**「個人の課題」**と、**「社会の課題」**、**「産業界の課題」**です。

日本は人生50年時代といわれた時代がずいぶん長く続きました。それから第2次世界大戦が終わる頃まで、日本人の平均寿命は60歳に達していませんでした。それが人生100年となり、個人、社会、そして産業にさまざまな課題が生じましたが、本日は**「個人の課題」**に焦点を当ててお話をしたいと思います。

人生50年の時代には男性の生き方と女性の生き方は、ほぼ決まっていました。当時女性は25歳までに結婚をして子どもを産み育て、家を守るという**良妻賢母**が理想でした。男性は学業を修めたら就職、そこで定年までしっかり勤め上げるのがまともな男性の人生コースでした。敷かれたレールから踏み外さないように生きることが大切で、踏み外すと周りからいろいろといわれました。女性が「30歳になっても結婚していない」「男性が就職して3年で転職した」「仕事を辞めた」というと、何か本人に欠陥があると見なされ、どうにかして決まった人生コースに押し戻そうとする圧力がかかりました。

ところが、今や人生が倍になって、100年。その人生を自ら設計して、舵取りをしながら生きていく時代になりつつあります。舵取りをするので、はじめに設計したことがうまくいかなくても、軌道修正ができます。人生をどのように設計するかは本人次第です。私たちの祖父母の時代には到底想像もできなかった自由を得ましたが、実際に設計するとなると、「どうやって設計していいかわからない」と困惑する人が少なくありません。

昔、定年後はそれほど長くありませんでした。盆栽を育て、将棋を指して、孫の相手をして、お迎えを待つのは穏やかな余生だと考えられていましたが、今は定年後の人生がかなり長く、また定年後も元気な方が多いようです。余生ではなく、第２の人生がある、**定年はセカンドライフの出発点**だと考える人が多くなってきました。

セカンドライフには決まった人生コースがないので、自ら設計して舵取りをしなければなりません。これは、大きな個人の課題になっています。

銅像は亡くなってから他の方が彫ってくださるのが通常ですが、こちらの彫刻

は自ら石を刻んで自分自身の体を形作っていくという、まさに人生100年時代の私たちの生き方を象徴していると思います。

私がまだアメリカの大学におりました1987年に、**「サクセスフル・エイジング（うまく年をとる方法）」**という理念が提唱され、「サイエンス」という雑誌に2ページの論文として発表されました。

それまでは老年学はどちらかというと**バイオメディカル**、**医学**や**生理学**の分野が中心でした。例えば**老化のメカニズム**や、**生活習慣病の克服方法**を研究して、**命を延ばす**ことに注力していました。

ところが1980年代、先進国の平均寿命が80歳近くになってきた頃に、寿命は長くなりましたが、寝たきりや障がいを持って長く生きる人が多くなり、目につくようになりました。同時に元気で長く生きる人も大勢いました。そこで、「サクセスフル・エイジング」という概念が提唱されました。サクセスフル・エイジングには**3つの条件**があると、2ページの論文に書かれていました。

1つ目は**病気や障がいがない**こと。2つ目は**高い身体機能と認知能力を維持しているこ**

と、３つ目は人生への積極的な関与、つまり**社会と繋がって活動する**ことです。

この３つの条件がそろった状態がサクセスフル・エイジングであり、長くなった高齢期の望ましい生き方として提唱されました。これが非常に大きな反響を呼んで、マッカーサー財団が数十億円の研究費を10年間にわたって、欧米の大学や研究機関に助成しました。医学だけではなく、経済学、法学、心理学、工学など非常に広い分野でいかにしてサクセスフル・エイジングをするかという研究が10年間なされました。

２ページほどの論文が発表されてから10年後の１９９７年に、「いかにしてサクセスフル・エイジングをするか」を非常にわかりやすく書かれた本が出版され、広範な人々の間で読まれました。これが欧米の高齢者政策の基本理念になりました。人々のライフスタイルを大きく変えた理念です。

サクセスフル・エイジングの研究は、非常に幅広く、さまざまな研究成果があります。

その一つは、うまく年をとることに関して、**遺伝子**によって決まるのは**25パーセント**、残りの**75パーセント**はその人の**ライフスタイル**、**生活習慣**によるという成果報告です。

また、私の専門分野である心理学の研究事例をお話ししますと、50年くらい前、私が学部の学生だった頃は、**人間の能力の発達曲線**としての図が教科書に載っていました。縦軸が能力で、横軸が年齢でした。能力には、歩く、話す、計算するなど、いろいろありますが、生まれたときにはいずれもできません。生後そうした能力は急速に発達して、大体20歳代ぐらいで伸び切ります。そしてしばらくそのレベルを保ち、40歳ぐらいから落ち始めるという、これが人間の発達曲線だと教科書に書いてありました。

ところがサクセスフル・エイジングの10年間の研究を見ると、決してそうではないことがわかりました。認知能力の変化を見ますと、先ほどのように20歳代ぐらいでピークに達して、40歳ぐらいから落ち始める、そういう発達曲線をたどる能力もあります。

例えば**短期の記憶能力**です。電話番号や無意味な文字の羅列を見せて、5分ぐらい後に「それを思い出してください」というと、私のような年齢になると覚えていません。ところが20歳代の方は覚えています。そういう短期記憶能力は早くから落ち始めるようです。

ところが、私たちの生活で非常に重要な言語能力、例えば**語彙**について、どれだけ言葉を知っているかを調べると、決して40歳ぐらいから落ちるのではなく、その後も伸び続けています。私も40歳代のときよりも、現在のほうが語彙は豊かだと思います。

また、日常生活で私たちはいろいろな問題を解決しながら暮らしていますが、そういう**問題解決能力**は、40歳ぐらいから落ちることはなく、伸び続けることがわかりました。

古希を迎える頃になりますと、頭の中にたくさんの引き出しがあって、「この問題を解決するためにはあの引き出しだ」と、過去の経験を引き出して、うまく解決することができるのです。私が30歳代のときに比べれば、いろいろな問題を解決するのがうまくなったと思います。従って、能力の低下は高齢者の専売特許ではありません。


人間は生まれたときには、世界のすべての言語の音声を弁別する能力を持って生まれます。フランス語でもスワヒリ語でもです。ところが2年間、日本語の環境で育つと2歳にならないうちに「R」と「L」の発音の弁別能力を失います。このように非常に早くから低下していく能力もあるのです。

申し上げたいのは、**人間の能力は多次元で多方向**であるということです。多次元とは能力によって発達曲線が異なります。多方向とは、「例えば60歳になったときに、低下している能力もあれば、まだ伸びている能力もある。また、一定のレベルを保っている能力もある」ということです。

従って私たちは、人生の各段階で持っている能力を最大限に活用して生きることが大切なのです。40歳のときも、60歳のときも、80歳のときも、です。

いくつか統計データをお示ししましょう。

日本の**高齢者は若返っている**といわれています。普通に歩くスピードは老化の簡便な指標として国際的に広く使われています。1992年から2017年までに4回、同年齢の人の歩行スピードを調査して比較したグラフがあるのですが、男性も女性も、どの年齢をとっても歩行スピードが速くなっていることがわかりました。

私たちは長生きをするだけではなく、元気で長生きをしている。それは歩行スピードだけではなく、握力など、他の身体機能においても同じような変化が見られます。

学歴にも変化が見られます。私が若い頃は、3月になると中学校を卒業して東京に就職する、**「金の卵」**といわれた中卒の方が多かったことを覚えています。ところが、現在、中学卒業が最終学歴のシニアは非常に少なくなって、逆に大学を卒業しているシニアが増えています。元気で高等教育を受けているシニアが増えているという変化が見られるのです。

そのようなこともあって２０１７年に**日本老年学会**と**日本老年医学会**が、**「高齢者の定義を65歳から75歳以上に変えるべきだ」**と公式に提案しました。そうすると今年、古希を迎えられた方はまだ高齢者ではありません。ただ、年金制度など関連する制度がありますので簡単には変えられません。健康で、高等教育を受けたシニアが増えていますので、今や60歳代で自分が高齢者だと思っている人はほとんどいません。恐らくそんな遠くないうちに**高齢者の定義は75歳ぐらい**になるのではないかと思います。

一方、社会を見ますと、こちらでも大きな変化が見られます。日本人口の年齢構成の変化を見ると、１９５０年には、子ども世代と、生産年齢の現役世代の人たちが多く、高齢者は少なかった。ところが近年では、**高齢者層が急速に増えています。**

65歳で線を引くと、社会を支える現役世代、そして支えられる人の比率が急速に変わってきています。1965年には9・1人で1人の高齢者を支える胴上げ状態でしたが、今は約2人で1人を支える騎馬戦状態となっています。このままいくと、肩車になって1人で1人、下手をすると、上のほうが重い重量挙げになる可能性もあります。

これは先進国に共通の課題ですが、欧米では下で支える人として、**外国から若い労働者**を入れて解決しています。日本も労働市場を開放して外国から若い労働者を受け入れるのは一つの方策であり、恐らくその方向に進むでしょう。と同時にやるべきことがあります。日本の場合はまだ**女性が十分に活躍できていません**。女性だけでなく、若い人たちが子どもを育てながらも安心して働けるような環境つくっていくことは喫緊の課題で、現政権もかなり力を入れています。

もう一つは上に乗っかっている高齢者です。元気で、**多くの経験とスキル**を持っています。加えて、日本の高齢者は就労意欲がかなり高く、「現役でありたい」と願っている人が多いということです。そういう社会的な要請もあって、政府は企業に対して、**70歳まで**

の就労機会の確保を努力義務としました。すでに65歳までの就労機会の確保は義務になっていますが、仮に75歳ぐらいまで働けば、先ほどの支える側と支えられる側の比率が好転して、日本の高度成長期の頃の状態に還《かえ》る可能性もあります。

ここで、私がアメリカの大学にいた頃に始めた、チームで35年間続けてきた**全国の高齢者パネル調査**について簡単にご紹介したいと思います。

35年前、当時は日本の高齢者のデータは臨床データしかありませんでした。医療機関を通して得られる診断名、入院・通院日数などのデータはありましたが、一般高齢者の健康状態や経済、人間関係に関するデータ、さらに加齢とともに、それがどう変化していくかを理解するデータはありませんでした。

そこで、１９８７年に60歳以上の方を住民基本台帳から無作為に抽出して、約６０００人の人たちにおよそ3年ごとに同じ質問をしてきました。**心身の健康**や、**経済状態**、**人間関係**の訪問面接調査を行っています。毎回、同じ質問をするので、日本の高齢者の健康、経済、人間関係が加齢とともにどのように変化するか把握できます。今まで10回調査して、来年11回目の調査をする予定です。

膨大なデータとなりましたが、一つだけ分析結果をご報告したいと思います。

健康に関する質問の中に、**「生活の自立度」**を尋ねる項目があります。誰でも日常生活の中でするような行為として、「お風呂に入る」とか、「短い距離を歩く」などです。また、少し高度といいますか、認知能力も必要な行為として、「日用品の買い物をする」「銀行に行ってお金を引き出す」「バスや電車に乗って外出をする」などが、道具や他の人の助けがなくてできるか、1人でできるかどうかと尋ねる簡単な質問です。

そうしたデータを同じ人から約3年ごとに集めています。それを使って日本の高齢者の生活自立度がどのように変化していくのか明らかにするのが目的でした。

すべての項目が1人でできる人は3点として、これは一人暮らしが十分できる人です。基本的な行為、すなわち、短い距離を歩く、お風呂に入ることはできるが、バスや電車に乗って1人で出掛けるのは難しいかなという人を2点としました。両方に支援が必要な人が1点、途中で亡くなられた方も多いので、それをゼロとして得点化しました。

それを解析した結果、日本の高齢者の生活自立度の変化の典型的なパターンが明らかになりました。男性の場合は次の3パターンです。

◎パターン1

約2割の方が70歳になる前に、多くの場合、心臓疾患やがんなどの生活習慣病で亡くなる。

◎パターン2

1割強の男性は80歳、90歳になっても元気で活動している。

◎パターン3

残りの7割ぐらいは、70歳代の半ばあたりまでは一人暮らしができるぐらい元気ですが、そのあたりから少しずつ支援が必要になってくる。

人生100年時代に70歳前に亡くなるのは若死にです。そういう人が女性は男性の半分ぐらいです。9割近い女性が70歳代の初めか半ばあたりから、男性よりも緩やかに支援が必要になって、自立度が落ちてきます。骨や筋肉が弱って歩行が困難になるケースが多いようです。女性はすぐさま命に関わらない障がいを持って生きる期間が長いといえます。

次に1回目の調査と15年後の調査を比べて、1回目の調査のときに元気だった人、3点だった人が15年後にどうなったか調べました。男性の半分ぐらいは亡くなっていて、女性は障がいを持って生きている人が多いことがわかりました。

そこで、15年後も元気で生きている人と、そうではない人と何が違うのかを調べました。前回調査のときに、持っていた病気や喫煙が影響することは、国際的にも実証されています。

もう少し社会的な要因に焦点を当てて調べたところ、男性の場合は15年後も元気だった人は、初回調査のときに**団体やグループに参加していた人**でした。自治会やボランティア活動、趣味の会、生涯学習、スポーツのグループなど何でもいいのですが、仕事以外のグループに属して、そこで活動していた人が15年後も元気でした。

そういう点で考えますと、気になるのは対面接触のデータです。

１９８７年と２０１２年まで3回、同居家族以外の人との対面接触、すなわち**家族以外の人と会話をする回数**を尋ねて比較しました。

男性の場合、１週間に１回未満の人が、後に生まれた人ほど増えています。男性においては**人とのつながりが希薄化**してきていることがわかります。

メディアで**「無縁社会」**とか**「孤独死」**などという報道をご覧になると思いますが、こういう全国データを見ても、男性、とりわけ都市部の男性を中心にして、人間関係の希薄化が見られます。

「仕事以外の社会関係が健康維持に重要」という先ほどの分析結果と重なる、とても心配な傾向です。

一方、女性は、１回目の調査のときに精神的に自立していた人、すなわち、いろいろなことを他の人に頼るのではなく、**「自分で判断して行動している人」**が、15年後も健康を維持している率が高いという結果でした。

２０３０年には75歳以上の女性の４分の３が、「一人暮らしをしている」と予測されています。常に人に頼って生きてきた人は一人暮らしになったときに、適応がうまくいきません。**自分で考え、判断して行動できる**ことが、特に女性の場合は大切だということです。

一人暮らしの高齢女性のお金の問題（貧困）は大きな課題ですが、ここではひとまず置いておきます。


「人生50年」から比べると、人生が倍になりました。人生50年時代は、**定年後は余生**と考えられていましたが、最近では余生という言葉をあまり聞かなくなりました。

団塊世代あたりから、「定年後にもう一つ人生がある」「定年はセカンドライフのスタートラインだ」と考える人が多くなりました。

数年前に、これからシニアになろうとしている50歳から64歳の方たちを対象とした全国調査を行いました。

「あなたが65歳になったらどういうことをしたいと思っていますか？」

「何をしていると思いますか？」

という趣旨の質問をしました。一番したいと思っていること、するだろうと思っていることは、**「働くこと」**でした。

2番目が**「自分を磨くこと」**、**「学ぶこと」**でした。これからのシニアは65歳になったら、必ずしも家で盆栽を育てて、将棋を指してお迎えを待つ……ということを夢見てはいません。それが穏やかな理想的な余生だとは思っていないのです。

「できたら働きたい」と思っていて、多くの場合はフルタイムで働くのではありません。しかし、現役でありたいと思っているし、学びたいとも思っています。

学ぶことはいろいろあります。「次の仕事のために資格を取りたい」「ギターをマスターしたい」「若いときに勉強できなかったので、大学で聴講生として考古学を学び、現場で発掘調査に参加したい」など、学ぶことに関心があります。

他の先進国に比べて、**日本の高齢者の就労意欲はかなり高い**です。必ずしも年金が低いからという理由だけではありません。60歳以上で働いている人を対象にした内閣府の調査では4割の方が、「年齢に限らず働けるうちは働きたい」と答えています。「70歳くらいまで働きたい」と思っている人を含めると9割になります。

私がイタリアやフランスに行って高齢者の就労の問題を話すと、「あなた、定年後に誰が働きたいと思っているのですか！　定年よりも早く**『アーリーリタイアメント（早期退職）』**したいとみんなが思っているよ」といわれます。

イタリアやフランスでは、長いバケーション（休暇）を待ち望んでいますが、日本では必ずしもそうではありません。アジアに共通したことかどうかわかりませんが、私はこのことは日本の宝だと思っています。

高齢者の就労率、すなわち高齢者の中で働いている人の割合と、高齢者1人当たりの医療費の関係を県別に示すと、緩やかな関係があります。

長野県のように働いている高齢者が多い県は、1人当たりの医療費が低く、就労率が低い県は医療費が高いようです。シニアになって働くことと健康には関係があることはわかりますが、因果関係はわかりません。

定年後に4年間追跡して、フルタイムで働いている人とパートタイムで働いている人、全く働いていない人を比較すると、健康の自己評価、精神的な健康、障がいの有無のいずれにおいてもパートであってもフルタイムであっても、**働いている人のほうが健康を維持している**ことがわかりました。無理のない範囲で、シニアになっても働くことが健康によいといえると思います。

もう一つ、お金に関することがあります。

ご記憶かと思いますが、金融庁から報告された**「老後2000万円問題」**がメディアで取り上げられました。定年まではフルタイムで働いて、それで生計を立てますが、年金生活に入ると年金だけでは足りません。2017年のデータに基づいて計算すると、毎月5万円ほど足りないとのことですから、5万円に12か月を掛けて、100歳まで生きると想定して、定年後の残りの35年を掛けると**「2000万円足りない！」**ということになります。

直近の２０２２年のデータですと、「毎月２万円強くらい足りない」ということです。差額を無理のない範囲で働いて補塡していくのが、恐らく現実的にはこれからのシニアの生き方になると思われます。

もちろん年金が増えればよいのですが、生産年齢人口は急速に減少しているので、現役世代にこれ以上負担をかけられません。多くのシニアは元気で働く意思があるので、無理のない範囲で働いて、**年金にプラス**してセカンドライフを安心して楽しく過ごすことが現実的な解ではないかと思われます。

ＯＥＣＤでは20年近く前に、**「長く生きるのだから長く働こう」**と提唱しています。これは２００５年の報告書のタイトルで、今や先進国に共通する動きです。

アメリカでは１９８６年に、**「定年は年齢差別であり、憲法違反だ」**ということで撤廃されました。

ヨーロッパの国は定年を上げていますが、国民は抵抗しています。定年を上げると、その政党は次の選挙で負けるといわれています。どの国も苦慮している問題なのです。

私たちは、10年ぐらい前に、**「長寿社会のまちづくり」**というプロジェクトを始めました。現在の社会のインフラは、人生50年時代につくられたものです。人生１００年となり、高齢者人口が30パーセント近くになると、さまざまなところに綻《ほころ》びが出ています。それを見直し、つくり直す必要があります。

公共の交通機関や、住宅のようなハードのインフラだけではなく、教育制度や雇用制度、医療・介護の制度のような社会制度、ソフトのインフラも含めて見直す必要があります。東京大学の高齢社会総合研究機構は、千葉県柏市で自治体行政、産業界、住民の方々と一緒に「長寿社会のまちづくり」に取り組んでいます。

もちろん、まちを更地《さらち》にしてゼロからまちづくりをすることはできません。既存のまちを見直して、人生１００年を、高齢者だけでなく、全世代が健康で安心して最後まで、いきいきと暮らせるまちにしようといくつかのプロジェクトを立ち上げて、それぞれチームを作って取り組んでいます。

まちづくりの主要なプロジェクトの中で、特に私が注力したのが全員参加で生涯参加の社会を目指す**「セカンドライフの就労プロジェクト」**です。

柏市は典型的なベッドタウンです。多くの方が朝早く家を出て、夜遅く帰ってくるという生活を40年間、45年間行ってリタイアし、柏に落ち着かれています。

引退したときには家族以外に知っている人がいないのは珍しくありません。そのため多くの方は家でテレビを見て日を過ごしていました。ゴルフをするのを楽しみにしていたけれども、ゴルフも3カ月も頻繁にやっていると飽きます。まちの図書館に行って朝から閉館時間まで居座る人もいます。

「定年後、犬も閉口5度目の散歩」という川柳があるそうですが、犬も1日に5回も散歩に連れ出されると疲れてしまいます。もっと疲れるのは奥さんです。「飯はまだか？」と3食催促されます。このように家族だけでなくペットにまで迷惑がかかってしまいます。

多くの方はお元気だし、**仕事関係の知識やスキル**、**ネットワーク**をお持ちです。

「何かしたい、してもいい」と思いながら、何をしていいかわからない。

名刺を持ってないので、外に出ても人と付き合い方がわからない。

柏市には数多くの**生涯学習**や、**ボランティア**などの機会があるのに、そこに**どうやって**

参加すればよいかわからないのです。

多くの定年退職者にヒアリングをすると、「仕事があると外に出やすい」「今までのように朝ごはんを食べたら仕事に行くのはルーティンだ」と答えました。

しかし、「東京まで満員電車に揺られて通勤するのは、もう卒業したい」ということなので、「地元で歩いて行ける、あるいは自転車で行けるぐらいのところに仕事があるといいな」という声を多くの方から聞きました。

「じゃあ、それをつくろうじゃないか」ということで、セカンドライフの就労プロジェクトが始まりました。どのような仕事をつくるかは**地域資源**によって異なります。

もともと柏市は、利根川の流域にある肥沃な農村でした。そこがベッドタウンとなり、今では40万人の大都市になっていますが、まだ住宅地の間に農地が点在しています。農家が**高齢化して休耕地**になっている所が多いので、まず**「農業」**という地域資源があります。

休耕地は市役所にとっては困ったものですが、有用な地域資源です。また、近年は夫婦2人で東京に通勤している若い家庭が多いので、保育所や学童保育のニーズが高まっています。農業関係の他に**食や教育**、**介護分野**などの仕事が考えられます。なるべく地元の事業者に雇用していただき、就労事業なので最低賃金以上を払うことが条件です。こうして仕事をなるべくたくさんつくる努力をしました。

もう一つは、セカンドライフにふさわしい**柔軟な働き方の開発**です。セカンドライフはマラソンの後半戦と同じで、ばらつきが大きくなります。体力においても、70歳で本当にマラソンをしている人もいれば、自分の家の郵便受けまでようやく歩いていける人もいます。自由な時間も、24時間すべて自分の時間という人もいれば、介護やお孫さんの世話をしているので時間に制約がある人もいます。

経済状態もライフスタイルもバラバラなので、新卒の若い人を雇うのとは違います。従って、セカンドライフの多様な人材が各人無理のない形で働ける柔軟な働き方を工夫しました。

例えば、**ワークシェアリング**です。2人分のフルタイムの仕事を5人で分けて働くとか、異なるスキルを持つ3人で一つの仕事をする**「モザイク就労」**などです。

まちに仕事場をつくり、柔軟な働き方を開発して、2日間の就労セミナーを開催しました。多くは都心の大企業で働いていた方ですが、休耕地でトマトの栽培、インターネットを頼りに植物工場で野菜栽培にチャレンジ、学童保育でレゴを使ってロボットを作るロボットクラブ、商社で海外駐在経験の豊かな方が、受験英語ではなく英語で生活する、英語でビジネスをすることを子どもたちに伝える英語対話、いずれも子どもたちに大人気でした。

そうしたセカンドライフ就労が、個人にとって、地域社会にとって、どのようなメリットがあるか効果測定をしました。

血液検査、**認知能力のテスト**、**筋肉量の測定**などを行いました。活動量の測定で就労前から就労後への変化を見ると、**生活が規則正しく**なり、**活動量が増えている**ことがわかりました。

こうした調査結果をまとめて、厚生労働省に

政策提言をしました。何回も現場の視察に来られましたが、平成28年に**「生涯現役促進地域連携事業」**という法案が国会を通り、予算がつきました。現在、80カ所くらいの自治体に広がっています。

私自身も柏の事業者を回って**「シニアの方を雇ってください」**とお願いしました。多くの所で、「ウチにはシニアの仕事ありません」といわれました。「生産性が落ちる」「危ないじゃないか」「事故が心配」「年寄りは頑固だからね」といわれましたが、これを克服しなければ仕事をいただくことはできません。

生産性と**安全性**については、**テクノロジー**でかなり解決できます。高齢者は重労働ができないといわれますが、軽労化技術を使って、農作業や介護での腰にかかるストレスを軽減する簡単なデバイスが開発されていますし、人間と同じ重労働ができるロボットを危険な現場から離れた場所でボタンを操作して動かすこともできます。

エイジテックと呼ばれる領域の進展は目覚ましいです。高齢者だけでなく、女性も障がいを持っている人もみんなが働くことを可能にするテクノロジーに期待は大きいです。

今、私たちが注力しているのは、モザイク就労をサポートする**デジタルデバイス**で、スマホやタブレットでいつでもどこにいてもアクセスできます。

モザイク就労は1人ですべての仕事をするのではなく、仕事を切り分けて、違う能力を持った人、違う時間帯で働ける人を組み合わせて、仕事に適格な労働者を合成します。

「時間のモザイク」は、いわゆる**ワークシェアリング**です。「Aさんは平日の午前中だけ働く」「Bさんは午後だけ働く」とか、「Cさんは週末だけ働ける」など、さまざまな人がいますから、うまく組み合わせて仕事をしていただきます。

「空間モザイク」は、近年はリモートで仕事ができるようになったことで、「熊本にいる人」と「東京にいる人」、または「北海道の人」とで、協力して一つの仕事をすることも可能になりました。

「スキルのモザイク」は、異なるスキルや強みを持っている人たちを数名組み合わせて、超能力を持った労働者に仕立てます。1人で仕事のすべてを行うのではなく、手分けをして働きます。これをうまくマッチングする仕組みを開発しているのです。**GBER**という名前のソフトで、一橋大学の檜山敦先生が開発者です。

私たちの経験を振り返ると、定年退職者には就労の前段階で、まず**住んでいるまちにどんな活動の機会があるか**を知らせるほうがよいと思われます。学習講座やボランティアの機会、イベントの情報をGBERに掲載します。仕事の情報も入れます。それぞれのスケジュールや場所、本人の関心事やスキルを入力して、マッチングします。

居住するまちに戻った定年退職者にとって最初の入り口は、多くの場合は講座です。リタイアして、まちのことが何にもわからないときには、まず関心のある講座に行ってみましょう。

そこでは名刺は必要ありません。そこで同じ関心を持つ人と出会ったり、まちで話題になっていることがわかったりします。

徐々にコミュニティに足を踏み入れていき、仕事に目を向けていくパターンが多く見られるようです。

先月は就労セミナーを開催しました。GBERの紹介もしましたが、まず**自分の棚卸**をしていただきました。身体機能や認知機能の測定をして、身心機能の棚卸、今までの経歴、スキル、ネットワークの棚卸をして、それをGBERに入れて、求人情報とマッチングをしました。ゆくゆくはＡＩを投入して、かなり細かいところまで自動的にマッチングできることを目指しています。

全員参加、生涯者参加社会を実現するためには、こうした就労の仕組みだけでなく、**年金制度**や**雇用制度**を見直す必要がありますし、誰でも働きやすい就労環境をつくることも重要です。

また、仕事に求められる能力は、どんどん変わっていきますので、常に雇用される能力を磨き、学ぶことはシニアになってもおろそかにはできません。

人類は秦の始皇帝の頃から不老長寿、長く生き、平均寿命を延ばすことに個人も社会も多大な努力をしてきました、１９８０年代になって、先進国の平均寿命はかなり延びましたが、寝たきりや障がいをもって生きている人の増加が顕在化し、健康で長生きをする健康寿命の延伸が目標となりました。この目標はまだ達成できていません。

平均寿命と健康寿命の間にはギャップがありますので、それを縮めていく努力は必要です。しかし、**「元気で生きていれば、それでいいのか」**ということも考えなければなりません。

日本は長寿社会のフロントランナーです。フロントランナーとして、次なる目標**『Engaged Life Expectancy「貢献寿命」』**を設定してチャレンジしたいと思います。

貢献寿命の延伸とは、社会と繋がりながら役割を持って生きる期間を延ばすことです。収入のある仕事だけではなく、ボランティアでも、家族内での貢献でもよい。GBERの開発・普及は、そうしたチャレンジの一環です。貢献寿命の延伸という長寿社会の新たな目標をエビデンスと共に日本から発信できることを願っています。

最後に**リタイア後の人生設計**について簡単にお話ししたいと思います。人生100年を自ら設計して舵取りをしながら生きる時代になりつつあります。

「定年後の人生設計を、『自由に、自分で設計して好きなように生きてください』といわれても、どうやって設計してよいかわからない」という声を聞きます。

「定年で人生は終わった」と考える方も少なからずいらっしゃいますが、一歩下がってセカンドライフを眺めてみましょう。ご自身が30歳のときと65歳のときを比べると、まず自由になる時間が増えていると思います。

収入も、30歳のときにはフルタイムで働かないと食べていけませんでしたが、必ずしも十分でないとしても年金がありますし、知識やスキルも30歳のときに比べれば比較にならないほど持ち合わせています。また、周囲の人とのネットワークも大きくなっているはずです。

健康も30歳と同じとはいえませんが、それなりに元気であることに気づきます。**セカンドライフの特典**です。こうした特典をうまく活用して、セカンドライフを設計することは本来は心躍るチャレンジのはずです。

私は「**『働く・学ぶ・遊ぶ・休む』**の4つをうまく組み合わせてセカンドライフを設計されるといいですよ」とアドバイスしています。

「働く」は、「同じ会社で継続して働く」「起業する」「地元でパートタイムの仕事やボランティアをする」など、いくつかのパターンが考えられます。

「学ぶ」は先ほど申しましたように、「次の仕事のための資格を取る」「若い時から関心のあったことを大学で学ぶ」「外国を旅行するために外国語を学ぶ」などがあります。

また、**「遊ぶ」**は皆さん、たくさんのアイデアをお持ちだと思います。

そして、**「休む」**は「睡眠」や「休息」です。

この4つをうまく組み合わせるのです。何をどのような比率で組み合わせるかは人によって違いますし、1人の個人をとっても、60歳代から100歳ぐらいまでの間にいろいろな条件、例えば体力や家族の状況も変わりますので、それに応じて変化します。

内容も時間配分も変わります。60歳代では働く時間の比率が大きいけれど、徐々に減少して休む時間が増えるなど、ご自身や周囲の状況の変化に応じて、うまく舵取りをして設計をされるとよいと思います。

世の中の働き方が多様になってきて、**「メンバーシップ型」**から**「ジョブ型」**に移行しつつあるので、細かい業務単位で仕事の求人が出てきます。兼業や副業も規制緩和されています。

家で仕事ができる在宅勤務も、シニアにとっては魅力的な選択肢です。以前のように、「朝決まった時間に満員電車に乗って、会社に行って、夜帰ってくる」という働き方以外にも、多様な選択肢があるので、状況に応じて柔軟に働き方を調整できます。

最後に私のセカンドライフをご紹介したいと思います。これは一例です。70歳代半ばに、母が98歳で亡くなりました。母を見送った後、前からやりたかった**農業**を始めました。埼玉県に1800坪の休耕地を借りて、他のご縁で知り合った60歳代前半の男性3人と一緒に**SAMYS**という株式会社を立ち上げ、**「Community Supported Agriculture（CSA）」**の設立を目指しています。

今、若い人がなかなか農業に参入しにくくなりました。農業をやってみると、農業でなりわいを立てるのは大変だということがよくわかります。

「Community Supported Agriculture」では、東京のタワーマンションの住民から年会費を集めて、農家が作った野菜を定期的に届けます。

「今年は台風が何度も来た」「日照りが続いて収穫が少ない」となれば、「届く野菜が少ないのはしょうがない」と生産者と消費者でリスクをシェアします。

豊作の年には、トマトやポテトがたくさん届きます。リスクをシェアすることで、生産者には一定の収入が保証されるのです。

また、タワーマンションで暮らす子どもたちが、農場に来て、無農薬の畑を走り回ったり、植え付けや収穫を手伝ったりします。安全で新鮮な近郊野菜を届けると共に、都会に暮らす人たちに農ある生活を楽しんでもらうのです。

5年間休耕地になっていた農場を開墾して、最初は枝豆を植えました。種を植えた次の週に行ってみると、なんとカラスが種を4分の1くらい食べていました。

雨期になると雑草が枝豆より高く伸びてびっくりしたこともあります。収穫時期には鹿に4分の1くらいを食べられたので、結局、想定していた半分しか収穫できませんでした。

このように1年目は散々でしたが、2年目以降は学習して、カラス、雑草、鹿の対策に成功して、美味しい枝豆を作れるようになりました。

縮小してはいますが、大学での研究活動も続けています。同時に全く異なる形の**「働く」**をセカンドライフに取り入れて、**新たな経験と仲間**を得て楽しんでいます。

そんな私のセカンドライフを一例としてご紹介しました。

第2部 workshop

- 加齢とお金の管理
- 人生を彩る
人や社会とのつながり
- 互恵のための
遠隔コラボレーションシステム
- 高齢者と法律の関係

「加齢とお金の管理」

慶應義塾大学 経済学部教授
駒村 康平

こんにちは。慶應義塾大学の駒村と申します。ご来場の皆さん、今日は男性は少数派ですね。

本日、私がお話しするテーマは、「加齢とお金の管理」の問題です。「年齢とともにどのようなお金の問題が発生するのか？」というお話を中心にしたいと思います。「金融商品はこれがおススメですよ、こういう相続対策をしましょう」などといったお話ではありませんので、ご安心ください。学問的知見に基づいて、「高齢期はこういう点を頭に入れて生活していきましょう」というお話をしていきたいと思います。

香り高く輝いて生きる

『**菜根譚**』という中国の古典に、「日既に暮れて、而も猶お烟霞《えんか》絢爛《けんらん》たり、歳将に晩《く》れんとして、而も更に橙橘《とうきつ》芳馨《ほうけい》たり。故に末路晩年、君子更に宜しく精神百倍すべし」という記述があります。

「日が暮れていくのだけれど、周りはまだ明るいところがたくさん残っている。年がまさに暮れんとしようとしていて、かんきつ類はよい香りを出している。いよいよ、もしかしたらこのまま実が落ちていくかもしれないが、その落ちる直前が一番香り高い。同じように人間も晩年にますます精神百倍で頑張りましょう、光り輝きましょう」というお話です。本日は、秋山先生からも、「ますます香り高く輝いて生きていきましょう」というお話があったと思います。

私のゼミでは3年生から採用しており、毎年20人ぐらいの学生が参加しています。最初にゼミに入ったときに東洋思想の古典である『菜根譚』を買うようにと伝えます。

「この本を持っていれば、若いときには若いときの悩み、中年になれば中年の悩み、高齢期になれば高齢期の悩みと、そのときどきに何らかの答えをくれますよ」と勧めています。

●延び続けている平均寿命

さて**年齢**がテーマです。どんなに元気でも永遠に生きることはできません。**誰もが老いる**わけで、身体も脳も老います。私も50代後半になって、正常加齢だとは思いますが、**一時記憶力や集中力などが落ちてくる**のは仕方がないのかなと思っております。これは長寿社会では避けられないことです。

長寿は人類の夢でした。1840年、産業革命の初期ぐらいですね。そのときのノルウェーは、当時の世界トップの長寿国でした。平均寿命は45歳という時代です。現在2020年を超えて、日本の女性は世界のトップのほうにいます。大体87歳ぐらいですので、40歳ほど延びています。その間の160年から170年ぐらいで40歳延びているということは、4年に1歳延びているということです。

産業革命以降で、技術や栄養、薬の進歩で子どもの死亡率が下がるので寿命が延びる。

しかしながら20世紀後半になっても、延び続けている。真っすぐ延びているのです。

これは**高齢者がどんどん長生きする、高齢者の死亡率が改善している**ということです。

「この先はそんなに延びない。どこかで頭打になるのではないか？」という予測が出ても、実際はその予測を裏切って、どんどん延びています。


最近、**「人生１００年」**という言葉をよく紹介していますが、これは、リンダ・グラットンさんと、スコットさんという海外の研究者が、カリフォルニア大学とマックス・プランク研究所という、アメリカとドイツの研究機関のシミュレーションシステムが分析した結果を紹介したことで有名になりました。

急ピッチで寿命が延びていくその背景には、**医療技術の進歩**があるといいます。

今後もこのピッチで医療技術の進歩が続き、かつ、日本の場合は皆保険というシステムが続いていくという前提でいくと、２００７年生まれの世代、もしかしたら皆さんのお孫さんぐらいの世代かもしれませんが、この世代の半分の子どもが到達する寿命は１０７歳になります。

つまり、今のお孫さんは当然22世紀に突入しても生きていくという、とんでもない数字が提示されているわけです。これを見て先の「人生100年」という話が出てきました。

それでは、今いらっしゃっている皆さんの場合はどうなのかということを、少し見ていきたいと思います。「平均寿命で85歳前後ではないか？」と思っていらっしゃる方も多いと思います。正確にいうと、それは半分正しくて、少し違う部分もあります。

2023年4月に、**国立社会保障・人口問題研究所**から新しい人口推計が発表されました。出生率は継続的に下がっていて、80万人を切ってしまいました。1人の女性が1・3人も産まないという状態です。寿命のほうはコロナ禍を経験して少し短くなったのですが、これからまた回復して延びるのではないかという予測になっています。

寿命予測ですが、例えば65歳まで男性が生きる確率といえば、ほぼ90パーセントを超えているので、ほとんどの方が65歳までは生きるでしょう。

女性に至っては65歳まで生きる人は、90パーセント台の後半ぐらいまで来ているということです。ちなみに今の年金制度は１９５９年にできましたので、その頃であれば、男性が65歳まで生きる人は５割から６割と想定していました。「年金は５割から６割の方がもらえる」という前提で設計してきたわけですね。今は、ほとんどの方が年金をもらうことができます。**年金というのは長生き保険**ですから、長生きした人がもらえるわけです。昔は65歳が長生きでしたが、今の時代は**65歳というのは当たり前**のことになっています。

古希ということで、本当は70歳の統計があればいいのですが、75歳男性で見れば生存確率は80パーセントをちょっと下回るようです。女性は75歳で90パーセント近くなっています。古希という

特定年齢までの生存率%

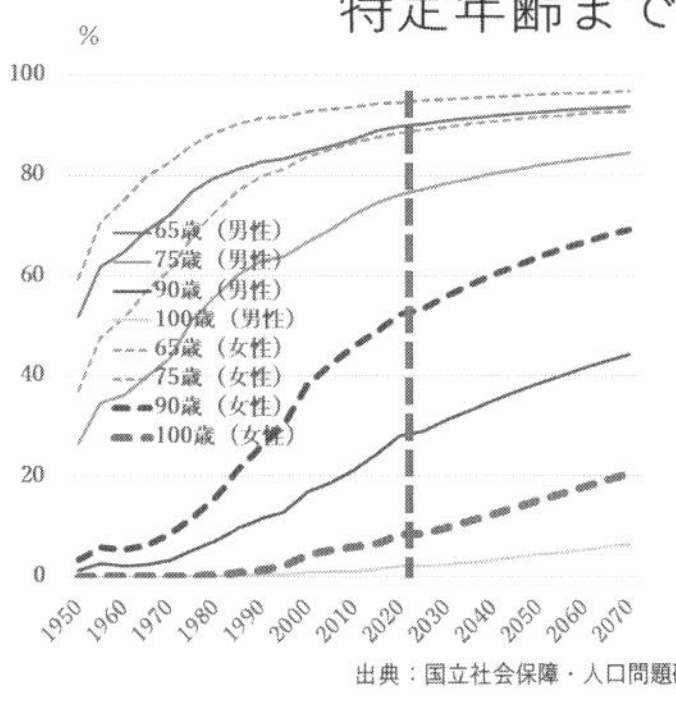

1. 現在、全体の40%近い人が90歳以上まで生存する。
2. 最頻死亡年齢はすでに90歳に接近している。

	2020		2040		2070	
	男性	女性	男性	女性	男性	女性
平均寿命	81.58	87.72	83.57	89.53	85.89	91.94
寿命中位年齢	84.54	90.51	86.4	92.23	88.61	94.41
最頻死亡年齢	89	93	90	94	92	96

出典：国立社会保障・人口問題研究所（2023）「将来日本の人口推計」

のは**「古希（70歳）は稀《まれ》」**ということですが、かなりの人にとってもう稀なことではなくなっています。100歳まで生きる確率（パーセンテージ）も、将来的には女性の場合、20パーセントぐらいの方が100歳まで生きるような社会が来るだろうという予測です。

次に平均寿命を見ると、**男性は81歳、女性が87歳**というのが現状であります。男性が85歳ぐらいで亡くなって、平均寿命より長く生きた、みたいにいわれることがありますが、平均寿命というのは、ある年に死んだ方の年齢の平均値です。0歳で亡くなる方も含めての平均値になります。80歳になった方が、「あと何歳まで生きるか」、つまり余命ではないことに注意が必要です。

今日いらしている皆さんが、例えば70歳だとすれば、ここまでのサバイバルゲームを生き抜いた強い方たちですから、この方たちで余命を計算したらどうなるか。例えば、男性の場合の平均寿命81歳との差の11年ではなく、余命は18年と20年くらいになると思います。

それから、2020年に亡くなった方の年齢を並べて、ちょうど真ん中にくる年齢は何歳なのかというと、男性は85歳、女性は91歳ぐらいです。また、2020年に亡くなった方で一番多かった年齢は何歳なのかというと、男性が89歳、女性は93歳です。これを見ると、**夫婦の平均**はもう90歳になってきているわけです。

人生90歳時代は、すでに現在の状態なのですね。後でお話ししますが、体のほうも実は過去20年ぐらいで健康年齢が5歳ぐらい若返ってきており、例えば今の75歳の方は、20年前の70歳ぐらいの体力になっているといわれています。知力もかなり向上しているようです。

●高齢者をターゲットにした詐欺

一方、先ほどお話ししたように、40歳後半から50歳ぐらいになると、体の筋肉が落ちてくるのと同じように、脳の機能も徐々に落ちていきます。**正常加齢の認知機能の低下程度**なので、それで何かが起きるということではなく、日常生活で大きく困ったことが起きるということではないのですが、「注意力や集中力が落ちてくる」「なかなか名前を思い出せない」「忘れ物や捜し物が多くなる」といったことが起こります。

情報が多過ぎる場合に、「早く決めてください」「明日までに決めてください」などと脅すようなことをいわれると、自分の判断に不安を覚えることもあります。

この正常加齢を超えていくと軽度認知障害に、さらに**アミロイドβ**というたんぱく質が脳の中にたまってくると、今度は**アルツハイマー型の認知症**ということになるわけです。

実際、私のところでも先日、ある出来事がありました。うちの親も80歳代後半になり、要介護になっていますので、時々様子を見に行かなければなりません。

ある日、母から「ジューサー買ったのだけれども、使い方がわからないから教えろ」と連絡がきました。

出かけていって、説明書を読みましたが、本当に使い方がわかりにくい。説明書が片付けから始まるのです。メーカーには、実際にご高齢の方に使ってもらいながら、説明書を作ってほしいと思いますね。

うちの母親の世代は、電気機器の使い方や修理などは、**「すべて夫に任せる」**という方も少なくないと思います。うちの場合も、母親が電気機器を使うのが苦手だからということとで、テレビやビデオとかいうものは、全部、父親任せでしたので、父親が要介護になると、母親だけではどうにもならない。ということで、息子に機械の使い方を電話で聞いてくるのですが、これも説明が大変です。

女性の皆さん、結婚している場合は、旦那さんが3歳とか4歳とか年上ではないかと思います。男性と女性の寿命は日本の場合、平均寿命だと6歳の差がありますので、女性がお一人で暮らしていく時期もあります。そこで新しい電気機器を買って、使い方がわからないというのは困りますので、まだ70歳代でいろいろできるうちに、新しい電気器具を買ったらいかがでしょう?

簡単には壊れませんから、いろいろいじくり回したほうがいいと思います。

先日、実家で、電気調理器のスイッチを入れたらブレーカーが落ちてしまいました。ブレーカーを上げても戻らない。ブレーカーが壊れた。夜の9時ぐらいにそれが起きたのです。

私は次の日、朝一番で出張に行かなければならない。実家と自分の家は電車で30分くらいの距離なのですが、実家に両親2人を冬の晩に置いて帰るか、どうするか。慌ててインターネットで検索して、こうした緊急時のサービスのようなところを探しました。すると検索の一番上に、「基本料金ですべてやります」という、怪しいサイトが現れました。これが若い人もひっかかる、**「レスキュー商法」**です。基本料金を低く見せて、後で法外の出張修理代を請求するのです。

部屋が真っ暗で、こちらも慌てているのですが、先のようなサイトに電話してしまうと、えらいことになる。落ち着いて東京電力の緊急連絡先を見つけようとするのですが、なかなか見つからないのです。やっとの思いで見つけたら、「緊急時の連絡は、地震とか火災とか、災害のときに限る」と書いてあります。地震や火災じゃないけど緊急時なので、電話をかけたら30分で来てくれました。

「相手が慌てていて、脳の判断機能が低下したところを利用する」というビジネスがたくさんありますので、気をつけないといけません。

今日覚えてほしいのは、「驚かせる、脅かす、時間のゆとりを与えない、家族や知人に相談させない」というのは、これは詐欺の特徴です。気をつけてください。

インターネットなどでは、一度契約したら解約しにくいようなサイトもあります。複雑な操作をすれば解約できるのですが、非常に難しい。これは**「ダークパターン」**という名前が付いています。

ヨーロッパなどでは、こうしたビジネスモデルは規制が強くなっていますが、日本ではやりたい放題です。スマホを使っていても、よけいな広告が入ってきて、思わず間違えてクリックしたり、契約してしまったりすることも起きています。

高齢者もパソコンやスマホを使う人が増えています。いろいろな情報にアクセスできるのはいいのですが、「変なところをクリックしてしまった」「やはり契約を解除したい」ということはあると思います。

解除を非常に複雑にしているサイトもあります。若い人なら10分で解除ができても、高齢者は20分、30分ということになると、すぐにあきらめてしまいます。これは実際に研究もされていて、「高齢者はデジタルツールの操作では、あきらめるのが早い」ということがわかっています。

高齢者をターゲットにしたような不適切で、不親切なビジネスモデルのサイトが増えてくると、ネットでの買い物もできません。

商品やサービスについて何か聞きたくても業者の電話番号がわからない。対面で買い物をしようとしても、電子マネーを持っていないと不便だとか、タッチパネルしかないとか、セルフレジばかりになると、高齢者の日々の買い物はストレスばかりになります。人口の3割、個人消費の4割を占める高齢者が買い物をしなければ、日本経済はどんどん悪くなってしまいます。

●寿命・相続・扶養の歴史

次に高齢者と社会について見てみましょう。

現代では先進国における寿命は、90歳に接近しています。昔はもっと寿命は短かったわけですが、3世紀のローマ帝国では死んだ人の統計を取っていました。それによると生まれてから5年以内に半分の人が死んでいました。そんな時代は18世紀ぐらいまで続きます。

産業革命が始まって人類が豊かになってから、子どもの死亡率は急速に下がります。ただし、子どものときに死なずに生き延びた人だけで見ると、寿命は50～60歳ぐらいではなかったかといわれています。

日本でも、戦国時代は人生50年だったのではないかという話があります。その根拠は、織田信長が『**敦盛**』という舞を踊るときに**「人間50年」**と詠んだから、「当時は50年だったのではないか」という説があります。これは読み方が間違っていて、これは「ジンカン」50年と読み、「人間にとって50年というのは、神様にとってみれば一瞬のようなものである」といっているだけで、人生が50年という意味ではありません。

そもそも古代は暦がなかったので、誰がいつ生まれたのかわかりませんでした。当然、年齢もわかりません。暦ができて初めて、人を年齢で管理できるようになりました。それまでは年齢の数えようがなかったわけです。

暦ができてから、社会は年齢でさまざまな管理をするようになります。日本の場合は律令制度の法令の中に、「70歳を超えたらヘルパーさんを付ける」などとありましたから、国民の年齢を政府が把握していたということになります。

人類は長期にわたって、「60歳以上の方は5パーセントぐらいで安定していたのではないか」といわれています。中世に入ると、ヨーロッパでは貴族と女性の寿命は比較的短かったようです。貴族は戦争ばかりしていたので、すぐ死んでしまった。女性の場合は**出産のリスク**です。一方、職人や農民の場合は、ある年齢で引退しないと一生現役というような社会だったようです。

そして14世紀から15世紀、今回のコロナと同じように**感染症のペスト**が世界中で大流行して、欧州では人口の3分の1とか、半分が亡くなるような大災害が起きたといわれています。

人口の減少は地域によっても差があったようですが、若い人の死亡率が高かったようです。従って、高齢化が急上昇し、例えばそのときの統計で、フィレンツェでは60歳以上の割合が15パーセントぐらいだったといわれています。

ペストが流行ると、若い人が亡くなって跡継ぎの子どもがいなくなる。生涯現役といってもだんだん体も弱くなりますので、どこかで農地を息子に渡したい。しかし、後継がいないと、誰に面倒を見てもらうのかということになり、修道院などに土地を寄付して老後の世話をしてもらいました。そのような、今でいう**「一人暮らしの高齢者のケア」**のような問題も起きていたようです。

そういった時代が過ぎ、次にシェイクスピアの『**リア王**』が書かれた時代、16~17世紀になると、ヨーロッパ全体で、特に貴族や地主の間では「自分の引退」と、「自分の引退後の生活をどう支えてくれるのか」という、**扶養と相続の交換関係**の問題が大きな社会問題になってきます。

小説の『**リア王**』は3人の娘に財産をあげることにします。長女と次女は、「お父さん、いい判断だわ。私がちゃんと面倒を見てあげるわよ」といいました。ところが三女は、「ちょっと待った！ それは危ないです。元気なうちは、自分で財産と権力は持っておいたほうがいいです。金の切れ目は縁の切れ目ですよ！」なんてことはいわなかったかもしれませんが、とにかく忠告をしたわけです。

それに対してお父さんは、「三女はダメなやつだ、親不孝は出ていけ！」といって、フランスに追い出した。ところが、長女と次女に手のひら返しをされ、リア王は城をいじめ出されて放浪するのですが、途中で狂ってしまいます。今でいうと認知症かもしれないです。

そこにフランスの王子と結婚した三女が助けにきてくれるのですが、戦いに負けて三女も亡くなってしまうという悲劇になるわけですね。

一方、シェイクスピアが成功したのを見た別の作家が、ハッピーエンドの『リア王』を作ります。タイトルは**『レア王』**というらしいのですが、こちらは「ちゃんと扶養してもらって、楽しく余生を送りました」という話だったようです。このように17世紀あたりは、相続と扶養を巡っての大きな変化があった時代でした。

そして19世紀、**産業革命**が起こって以降、乳幼児の死亡率はどんどん低下し、**単身家族**や**核家族**なども増えていきます。高齢者に対しての社会のものの見方が変わってくる。

それまでは人々は早く死ぬので、「早く社会で働きたい、だから年齢以上に老けて見られるほうが有利」というのが社会の傾向でした。ファッションも実年齢よりも上に見られるのが流行ったといわれています。今とは全く逆ですね。

当時は、文字を読める方もそんなにいませんでしたし、記録もそう簡単には残せなかったので、高齢者の経験は、口伝いで若い世代にアドバイスとして伝えられました。

高齢者の経験は非常に価値がありました。日本でも**「姥捨て伝説」**がありますが、本当は、高齢者は大切にしてもらっています。

「若く見られたい」（若作り）というファッションに変化したのが、アメリカ独立戦争からフランス革命ぐらいではなかったかといわれています。次第に寿命が延びるなかで、「早く成熟する必要はない。若いほうが自由だ。可能性がある。高齢に見えるのは保守だ」という見方になる。

19世紀半ばになると、いつまでも50歳代、60歳代で働き続けることが難しくなる。加齢とともに筋力が弱くなってくると、工場で働くことができなくなり、引退していただくことになります。この背景には**産業革命**があります。「家族で仕事をする農業社会から工業社会になった」という事情もあります。引退してもらっても、家で扶養する人がいないと困るので、「**高齢者を扶養する仕組みや年金**といったものが必要になる」ということになります。

日本の場合も、江戸から明治にかけて大体60歳前後が寿命だったと思われます。井原西鶴は52歳で亡くなりましたが、「60歳前で引退して楽々だ」といっていたようです。

明治維新後に民法の研究をした穂積陳重先生は、『**隠居論**』という本を出していますが、「人類が進歩をしていくときに高齢者の生活は誰が守っていくのか？」ということを研究しました。この本には、社会が高齢者をどのように扱ってきたのかが書かれています。**「食老」**という文化もあったようです。南海のフィジーに昔あった風習のようですが、年をとった親を先祖代々の墓場の前に連れていって、殺して食べるというものです。

明治維新以降、いよいよ現代社会になり、**「子どもの世話になる」**という選択肢が出てきます。

そこで、**家督相続と引き換えの扶養、長男の扶養義務化**を考えていくことになります。

ただ一方で、身寄りのない高齢者をどうするかということも議論されるようになり、今でいう**社会政策**、**福祉の問題**もこのあたりから出てきたといわれています。

仕事における定年の話も出始めます。工場の現場では、肉体労働なので、だんだん高齢者が邪魔になっていき、辞めた後の生活を支えるために**年金**を出すという仕組みが導入されました。

戦前に**厚生年金**が始まったときには、支給開始年齢は55歳でした。１９５４年に厚生年金は60歳支給になり、１９９９年の法改正によって２０２５年から65歳支給ということですから、ざっと80年かけて10歳引き上げていることになります。国民年金のほうは１９５９年に法改正の成立以来、ずっと65歳のままということになっています。従って、年金をもらう人がどんどん増えてきているということになります。

現代の高齢者の動きを見てみたいと思います。

65歳以上の人口は、しばらく増え続けて、２０４０年前後の、だいたい４０００万人弱ぐらいのところでピークになるのではないかといわれています。このあたりで毎年

170万人ぐらいの方が亡くなりますが、2040年には生まれてくる子どもは70万人を切っていますので、**毎年100万人以上の人口が減っていく状態**になるというのです。

その後は、高齢者の数自体は減っていきます。現在の高齢者全体に占める75歳以上の方の割合というのは、だいたい50パーセントを超えているところです。65歳以上の2人に1人以上は75歳以上です。そして、2060年前後に、高齢者の3分の2ぐらいが75歳以上ということになります。従って65歳から74歳、75歳以上と分けると、これからは75歳以上の方が非常に増えていく社会になっていきます。

ところで65歳以上は高齢者と考えるべきでしょうか。

国民の「何歳からが高齢者か?」という意識調査があります。国民の回答の平均値は70歳といわれています。「あなたは何歳からが高齢者だと思いますか?」という問いに、若い人に聞くと「55歳」といいます。しかし、自分の年齢が高齢者と思われる年齢に近づいてくると、自分の年齢より上の年齢を高齢者という傾向があります。

●高齢者に偏っていく金融資産

次にお金の話になりますが、年齢とともに持っている金融資産はどう変化するのでしょうか？　高齢者は平均でいくらの**金融資産**を持っているのでしょうか？　**平均値は２０００万円**くらいです。しかし、**平均値**というのは、資産を全部足して人数で割ったものです。資産をたくさん持っている人がいると、平均値は高くなります。他方、**中央値**というのが、資産額を少ない額から順に並べていき、ちょうど真ん中にくる数字で、この**中央値が約１０００万円**くらいです。

２０１９年に**「老後２０００万円レポート」**が大きな問題になりました。その時点の統計で、高齢者は平均で毎月５万円程度の赤字が出ている。その５万円程度の赤字を金融資産で賄っている。そのまま続くと最終的に２０００万円が必要になる……という話です。あくまでも平均値で見た統計の話です。平均値ですから、多数の人というわけでもありません。また統計なので、年によっては異なります。ところが、これをマスコミが、「老後は2000万円必要だ！」とあおったので話がおかしくなりました。2000万円はあくまでも平均値です。先にも述べたように**中央値の金額は大体1000万円**ぐらいということになります。

私はこのレポートの作成に委員として関わっていました。

あのレポートの中で伝えたかったことは、2つあります。前半部分は**「団塊ジュニア世代」**に対するメッセージで、後半部分は**「団塊世代」**に対するメッセージです。

団塊ジュニア世代に対するメッセージは、早めの資産形成をおすすめするということです。というのは、少子化と長寿のなかで、年金の給付水準が徐々に下がっていきます。2040年頃に引退する人は、年金水準が下がった状態で退職することになります。団塊ジュニア世代がそれに該当するので、**「iDeCoとかNISAを活用しましょう」**ということになります。

次に、団塊世代へのメッセージとは、「高齢期になるとお金の管理がだんだん苦手になってくるので、『どこに自分のお金を預けているのか』『どういう生命保険に入っているのか』

『その証書はどこにあるのか』『もし認知症になったら誰にどうしてほしいのか』ということをしっかりした認知機能があるうちに、早めに家族や信頼できる方と話し合ったほうがいいですよ」ということなのです。

このようにお話をすると、普通のことであり、大事なことだと理解していただけるのですが、世の中は「２０００万円必要だ！」と大騒ぎになってしまいました。誤読して、大騒ぎしたマスコミも有識者も反省してほしいところです。

また、お金を持っている人ほど**株式**を保有していますので、株式の保有率の割合も大きくなります。高齢者のほうが若い人よりも株式を保有しています。

家計の保有する金融資産は、約２０００兆円といわれています。日本の1年間のＧＤＰが５００兆円から６００兆円ぐらいですから、すごい金額が家計によって持たれているということになります。そのうち人口の30パーセントを占める65歳以上の人が全金融資産の50パーセントを持っている。ただそれは、当たり前ですよね。若いうちに貯蓄なんてないわけですから。

高齢期になれば資産がたまっていくのは当然ですが、人口の15パーセントを占める75歳以上の方が保有する金融資産の割合は、今だとだいたい25パーセント、将来は大体30パーセントぐらいになると予測されています。したがって**75歳以上の方が約６００兆円の金融資産を保有**している。

金融資産の保有者が高齢者に偏っていく、資産の高齢化が進んでいくと、金融機関にとっても高齢顧客が増えることになります。

金融庁も、ニーズに合っていない金融資産やリスクの高いものを、高齢者に売りつけてはいけない、**「適合性の原則」**に従って金融商品を売るように金融機関に指導しています。それから、「認知症になったからといって銀行口座を凍結して、お金を使えないようにしてはいけない。口座のお金を、高齢者本人の医療費や介護費に確実に使われるようなことがあるならば、家族である代理人にちゃんと使えるようにする」という提案を金融庁が出しました。

そこで、２０２２年に全銀協は、「代理人でも高齢者本人の医療費や介護費のために支払うことができるようにする」と銀行に通知しています。

●落ちていく主観的認知機能

年齢とお金の管理能力についてですが、正常加齢でも、**年齢とともにお金の管理能力が落ちてくる**ことは確認されています。その原因は**前頭葉の機能低下**があります。

つまり論理的なこと、数字的な部分、集中力の必要なことが苦手になります。

一方で、年齢とともに得意になる分野があることもわかってきました。人と会話をして説明する能力、人の気持ちを読み解く能力は、年齢とともに向上し、年齢とともにあまり下がらない。高齢者は苦手な分野も得意な分野もあるわけです。

ただし、計算をしたり、お金を管理したりすることはだんだん苦手になってくるということになります。

このあたりを細かく分析した研究も実例がありますので、いくつかご紹介しましょう。

まず気をつけないといけないのが**「過去の経験に頼った自信過剰」**です。

「過去にこんな経験をしたから、自分は大丈夫、自分だけは大丈夫」という思い込みです。私は絶対に詐欺に遭わないと思い込むのは自信過剰の可能性もあります。


それから、**「確率やリスクを判断する能力」**です。

「これから2年以内に地震が起きる」のと「これから5年以内に地震が起きる」のと、どちらの確率が高いと思いますか?

5年のほうが長いですから、当然どこかで起きる可能性はあるわけですね。こうした確率に対する判断も苦手になります。

さらに**「フレーミングの抵抗力」**も落ちます。これは相手の説明に乗せられてしまうことを意味します。

「普段は1万円ですが、今日に限って、これから30分間、先着10名に限って5000円にします!」

セールなどでよくこんな広告がありますよね。前から欲しかったものでもないのに、お得だという感じで思わず買ってしまう。これは、フレーミングの抵抗力が落ちていることになります。高齢期になると、この抵抗力が落ちていくのです。相手の説明に乗せられやすくなる。

特殊詐欺の話など、若い世代から見ていて、「なんであんな説明にだまされるのだろうか？」というものにも、高齢者はやすやすとだまされやすくなる。一番いいのは、**話を聞かない**、**電話を取らない**ことです。

特に覚えていてほしいのは、「驚かす、脅かす、時間を区切って判断を求める、他人に相談させない」という話は、怪しんだほうがいいでしょう。

「認知機能」の変化というのはやや複雑な動きをします。図のように40歳代、50歳代と認知機

認知機能の変化と自己評価（主観的な認識）

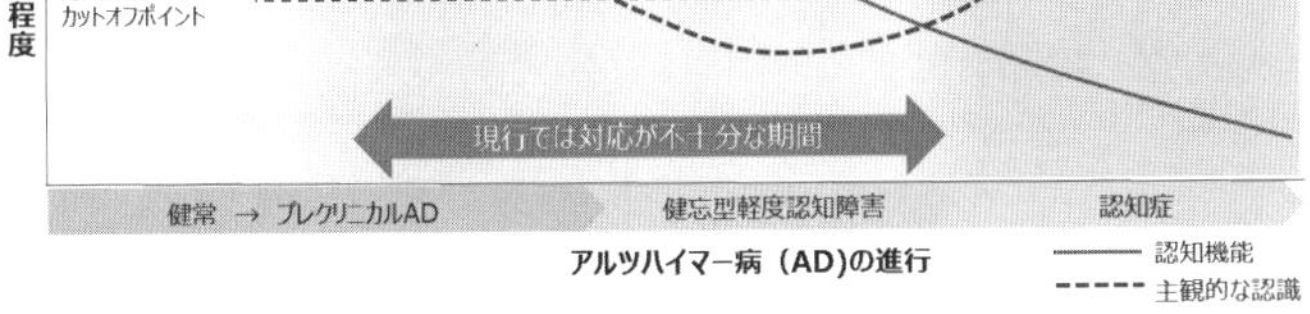
認知機能はまだ低下していないが、主観的には低下を感じている時期（将来への準備期間）
認知機能の若干の低下が認められるが、契約やATM操作は可能
認知機能が低下しているが、主観的にはそれを認識していない
認知機能の程度
認知機能低下とするカットオフポイント

Ávila-Villanueva, M., & Fernández-Blázquez, M. A. (2017). Subjective Cognitive Decline as a Preclinical Marker for Alzheimer's Disease: The Challenge of Stability Over Time. Frontiers in aging neuroscience, 9, 377. https://doi.org/10.3389/fnagi.2017.00377

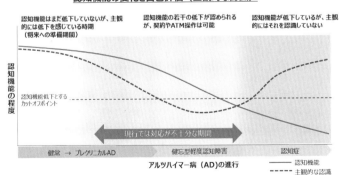

能（実線）は年齢とともに落ちてきて、軽度認知障害、アルツハイマー型の認知症になる方もいます。

一方、「自分で自分の認知機能がどうなっているのか」という判断、「主観的な認知機能（破線）」は実際の認知機能とは異なる動きをします。

最近忘れっぽいとか、人の名前が出てこないとか、認知症にでもなったかと不安に思うわけですが、これが**主観的な認知機能**です。これは実際の認知機能よりも早く下がっていると感じます。

問題は、認知機能が実際に下がり、ある点まで下がると、主観的な認知機能が上昇してしまうことが起きることです。ギャップが生まれると、自分の認知機能が落ちていることが自分でわからなくなる状態になります。

まだATMの操作ができるというのは、一番危ない時期です。認知機能が低下していることに気がつかないので、自分がだまされていることがわからないのです。

こうした犯罪以外にも日常的な問題が起きています。

金融機関の店頭にはいろいろな顧客がいらっしゃいますが、この金融機関の店頭に来る顧客が、時々、「何のために来たかわからない」「毎日来るんだけれども何しに来ているかわからない」「手続きがわからない」「説明がわからない」などということは頻繁に起きるようになってきています。

特殊詐欺にだまされそうになり、ATMを操作している場合は警察に連絡できますが、毎日、銀行の店頭にきて、金融機関の職員の説明がわからないということだけでは、本人から同意がない限り、**地域包括支援センター**や**社会福祉協議会**に連絡できません。個人情報保護の問題になってしまうからです。

銀行の職員から見て、認知機能がかなり下がっているので、危ないなと思っても、本人はそれに気がつかない。「私、大丈夫です」といわれると、金融機関はなかなか行政や福祉に連絡が取れなくなります。

こうした問題に、われわれが研究をして行政に働きかけをしていることがあります。

実は、**消費者安全法**と**社会福祉法**の中に、本人が同意しなくても、金融機関と福祉、行政とが本人の名前などを共有することができる仕組みもあります。

ところが、この**見守りの仕組み**を作って、そこに**金融機関を組み込む**というのは**自治体の判断**になります。

自治体が、高齢者の資産を見守り、**「お金のケア」**あるいは**「金融と福祉の連携」**をしている自治体は、数カ所しかありません。そこで、この仕組みを全国に広めようという研究をしています。この研究は、内閣府の委託で、厚生労働省、金融庁、消費者庁が連携して、**「金融包摂社会」**を目指して進めています。

今日は、女性の参加者が多いようですが、認知症になる確率は世界的に見ても女性のほうが高くなっています。これには原因がいろいろあるといわれています。

東京都の長寿医療センターの粟田先生の推計では、70代半ばから80代半ばあたりになると、軽度認知障害か認知症になる確率が20～40パーセントになります。そして85歳を超えて90歳近くになると、どちらかになる確率が80パーセントを超えます。

認知症だけではなく、認知機能は徐々に落ちていきます。これは認知症にかかった人の問題だけではなく、中高年全員の課題で、社会全体の問題です。認知症というと病気の問題と思われますが、認知機能の低下という中高年層全体の問題を、治療だけではなく、経済活動、資産の管理のサポートまで考えて、社会全体で支えていくことが大事なのです。

今回、秋山先生からいろいろお話があったと思いますが、認知機能を維持するために必要なことは、**運動**したり、**社会とちゃんとコミュニケーション**を持ったりしていくことです。例えばボランティアなどは、「相手のためではなく、自分の脳を維持するためにやるのだ」と思ったほうがいいくらいです。

社会活動を維持して、認知機能を維持しましょう。

なぜ女性のほうが認知症になるリスクが高いのか？

同じ年齢でも男性より**女性のほうが認知症のリスクが高い**ことは、世界的に共通しています。ホルモンの状態とか、いろいろな原因があるともいわれています。

しかし、**学歴、教育歴効果の可能性**もあります。「学歴が高い方が、教育歴が長い方が認知症のリスクは低い」という研究は多くあります。これは脳の機能の問題なのか、知的好奇心が高いことの効果なのかは不明です。昔は男女で学歴の差があったので、その部分でリスクに差があるという可能性もあります。

しかし、これからは変化することになるでしょう。慶應の経済学部や理工学部でもかなりの割合で女性が多く入ってきて、しかもびっくりするぐらい優秀です。女性の社会進出が高まると男女差は小さくなるかもしれません。

認知予備能を高めましょう

アルツハイマー認知症の原因は、脳に**アミロイドβ**がたまることで引き起こされるといわれています。しかし、アミロイドβがたまったからといって、認知症の困った行動が発生するわけではありません。**認知予備能**ということが指摘されています。

80代後半まで修道院で修道女として生き、修道院を管理経営されていた方がいます。彼女が亡くなった後、脳を調べたらかなり萎縮していたといいます。ところが全くそれが症状として出なかった。脳が萎縮するから認知症になり、問題が起きるというわけでもなく、それを補う能力が人間にはあるのだといわれています。

ですから、いつまでもさまざまな社会活動をすることが大事なのです。一番大事なのは、世の中に対する関心、好奇心です。

今日は皆さん、「武蔵野大学の古稀式で何をやっているのだろう?」という好奇心を持ち、「どの講義を受けようかな?」と迷って、この教室に来てくださいました。「年齢とお金の話を聞いておこう」と思ったのかもしれませんが、とにかく好奇心は大事です。

武蔵野大学がこのようなイベントを開催するのは、とてもいい機会だと思います。何度でも参加していただきたいと思います。

本日は、どうもありがとうございました。

「人生を彩る 人や社会とのつながり」

西武文理大学 サービス経営学部 准教授
菅原 育子

私は菅原と申します。専門は**社会心理学**という心理学をベースにしておりますが、**老年学**もやっている者です。

今日は私ならではのメッセージを皆さんにお伝えできればと思っていますので、どうぞお付き合いください。

現在、武蔵野大学の通信教育部の大学院でも**老年学**を担当しております。そこは専門職としてお仕事をされているような方々が、仕事をしながらさらに勉強をして修士号を取るためにいらっしゃっています。そのような方々と一緒に老年学を勉強しているというご縁もあって、私もここに立たせていただいています。

ここでは、**ウェルビーイング**とか、**幸せ**ということと、**高齢期**と申しますか、年を重ねていくことをテーマにして考えていきたいと思っております。

ですから、皆さんからも、「私の生き方のコツはこうです」とか、「こんな心掛けをして生活しているのよ」など、実践されていることや、心掛けていることがございましたら、ぜひ共有していただけるとうれしいなと思います。

●「人生90年」から「人生１００年へ」

今回のお話は、**「人生を彩る　人や社会とのつながり」**というタイトルをつけさせていただきました。

皆さんの中で、人生１００歳以上生きるつもりの方は、どのくらいいらっしゃいますか？

正直に手を上げてください。あれ？　１人しかいらっしゃらないようです。この古稀式にいらっしゃった皆さんは、１００歳以上いけると思うのですが。

この10年ほど、いろいろな所で講演をしているのですが、数年前までは**「人生90年」**といわれていました。ところが、ここ最近は、**「人生100年」**とさかんにいわれるようになりました。

このような質問をすると、皆さん、90歳くらいまではイメージされているようなのですが、「100歳まで」というと、なかなか手が上がりません。「100年といわれてもちょっと……」という声が少なからずあります。

「100年というのは、私たちの想像を超える数字なのかな？」という気もしますが、ここ数年で、ちらほらと手が上がることも増えてきました。実際に、「親戚で100歳を超えて長寿を全うされた人がいる」という話も聞きます。

「あの方そういえば何歳だったのかしら？」「102歳だったわよ！」

などという話が、身近な例として増えてきた方もいらっしゃるのではないでしょうか。

私は、今、中学生と小学生の子どもがおりますが、子どもに聞くと、「自分は22世紀まで生きるつもり」といいます。ドラえもんに会うつもりみたいです（笑）。

子どもたちは、「自分は100歳まで生きるよ」と、当然のようにいうのです。寿命についての感覚も少しずつ変わってきているように思います。

「人生１００年生きるならどうしますか？」

そう聞かれたときに、皆さんが思うことは何でしょうか？

「お金（資金）」のことならば「心配なく過ごしたい」とか、「健康」であれば「いろいろ痛いところが出てきても、自分のことは自分でやり続けたい」とか、「周りにはあまり迷惑かけたくない」とか……。いろいろな思いはあると思います。

「笑顔で過ごしたい」「幸せを感じながら１００年生きてよかったと思いたい」「寿命が１００年あるかどうかわからないけど、いい人生だったと思いたい」など、ここにいらっしゃる皆さまは思っているのではないでしょうか。

よく老いることは、よく生きること

私が**老年学**というものを知ったのは、20歳ぐらいの頃です。今回、この古稀式に参加されている、秋山先生の授業を受けるようになってからですが、それから何十年も一緒に老年学の研究をしてきて、私自身「幸せに年を重ねたい」ということだけは、今でもブレずにおります。

最近、**ウェルビーイング**という言葉を耳にすることが増えてきましたが、この言葉はまだまだそれほど認知度は高くないようです。

皆さんの中で、聞いたことがある方はいらっしゃいますか？　ちらほらいらっしゃいますね。電通が行った調査によると、[1] ウェルビーイングという言葉の認知度は、最新の調査で25パーセントぐらいだそうです。

現在、**教育**とか、**国の政策**とか、**市の総合計画**などに、突然このウェルビーイングという言葉が出てくるようになりました。

ウェルビーイングは、「心も体も、そして社会的にも満たされた状態」を表す言葉です。「健康である」とか、「よい状態でいること」などともいわれます。

「ウェル（well）」に「ビーイング(being)」なので、言葉の通り、「ウェルな状態にある」「いい状態にある」ということです。

その状態を目指すための仕組みを考えたり、「私たちの生き方を見直してみよう」ということを考えたりすることから、ここ最近、頻繁に耳にするようになったようです。

武蔵野大学でも２０２４年の４月から、**ウェルビーイング学部**という学部ができます。

老年学では、**「ウェルエイジング」**とか、**「エイジングウェル」**という言葉がよく使われます。これはウェルビーイングとかなり意味が似ているようです。

「エイジング（=年を重ねる）とは、生きることであり、生きるということは、１日ずつ年を重ねていくことである。つまり、よく老いていくということは、よく生きるということである」

と私は考えています。

そして、ここでは皆さんと一緒に、「よい人生とは何だろう？」ということを考えたいと思います。

また、**よく生きるための秘訣**について、「現在、どんな研究が行われているのか」とか、「どのようにそのテーマについて取り組んでいるのか」とか、あるいはその研究から見えてきたことなどもお伝えしたいと思っています。

「年をとると人生は、幸せという意味では上向きになっていく」というデータがあるのですが、なかでも特に人とのつながりや社会とのつながりを意味する「**社会参加**」に着目します。

働くだけではなく、「（今回のような）勉強する機会があったときに参加してみよう」とか、「友達に電話をかけて、食事の誘いをしてみよう」とか、いろんな形の人とのつながりがあると思います。

これらは、幸せを考えるときに避けては通れない大事なものです。

「人や社会とのつながりを豊かに持ち続けるためには、どんな秘訣があるのか」ということを、皆さんと考えていきたいと思っております。

●人生100年の過ごし方

改めまして、あなたは人生１００年をどのように過ごしたいですか？

先ほど、「１００年生きる予定ですか？」という質問では、あまり手が上がりませんでしたが、「人生１００年をどのように過ごしたいですか？」と聞かれた場合でも、やはりすぐに答えられる方はなかなかいらっしゃらないと思います。

先ほど、「人生90年といっていたのが、いつの間にか人生１００年になった」といいましたが、ちょうどその頃に**話題になった本**と、**最近のベストセラー**とを並べてみました。皆さんの中でも、読んだことがある本や、見かけたことがある本も多いのではないかと思います。

最近、本屋さんの新書のコーナーに行くと、人生についてのたくさんの本が並んでいます。先日、本の編集の方に聞いたのですが、今、一番本を買ってくださるのは50代後半から70代くらいまでの方々だそうです。

その世代の方々は、勉強心も旺盛だし、本を読む習慣を持っている世代で、そこをターゲットにした本がたくさん出ているのだそうです。

ちょうど２０１７年にベストセラーになった、**『ライフ・シフト』**[2]という本があります。

この本は、「日本をはじめとする先進国では、人生が１００年になるのは、現実的な話である」ということを、データを示した上で、

「これまでは**働く、学ぶ、家族を育てる**ということが、人生で１回だけしかなかったが、これからは変わっていく」

ということを論じたものでした。

イギリスのリンダ・グラットンと、アンドリュー・スコットという先生が書いた本ですが、「人生が１００年になる時代には、働く、学ぶ、遊ぶ、といった形をもっと柔軟に考え、自分から組み立て変えていかなくてはいけない」ということが、とてもわかりやすく書かれていたのが、この**『ライフ・シフト』**という本でした。

この本がベストセラーになり、当時の安倍首相が**「人生１００年時代構想会議」**を設置しました。その年（２０１７年）、「人生１００年時代」というのが流行りの言葉になって、新語流行語大賞の候補にもなりました。今考えてみると、その年からいろいろなところで「人生１００年」という言葉が標語のように使われるようになり、私たちもだいぶ聞き慣

れてきたと思います。
「人生100年になるのだから、今までの人生の考え方をガラッと変えなきゃいけない」といろいろな人がいうようになりましたので、世の中の考え方を大きく変えたのは、この本だったのではないかと思っています。

人生の話ではないのですが、同じ頃に、『**未来の年表**』という本のシリーズ(3)も発売されました。最初の本が出たのが2017年で、これが非常に売れました。河合雅司さんという方が書かれたのですが、「これからの日本の危機」を、非常に的確にわかりやすく示していました。
「あと何年後には大学の半分がなくなる」とか、「都道府県のうちの何割かが破綻する」といった危機感を煽るような内容もありました。

さらに、ここ最近流行っているものとしては、和田秀樹先生の本があります。60歳、70歳、80歳と、各年代向けの本を出していて、毎回ベストセラーになっています。

2022年のベストセラーは、『**80歳の壁**』(4) ですが、「どのように生きればいいのか」「どのようにすれば健康にいいのか」といったことが書かれていて、読んでいてとても面白く、すぐに使えるようなアドバイスが満載です。

このように、「人生100年をどう過ごすべきか、そして人生100年時代の未来をどのように予測してそれに備えるか」をテーマにしたたくさんの本が出版されていて、それらは売れているようです。

このことはつまり、皆さんが不安を抱えていることを反映していると思います。急に人生90年、100年といわれても、「どうやって過ごせばいいのか?」という答えはわからない……。いろいろな人が、いろいろなことをいっていて、世の中が振り回されるみたいなところもあるのではないでしょうか。

いい人生とは?

平均寿命の推移とその予測図を見ると、現在、２０７０年までの予測が出ていますが、この後も平均寿命は延びると予測されています。医療技術もさらに伸びていきますし、何よりも皆さんの**健康意識**が変わっているそうです。

例えば、ここ30年ぐらいで歯の健康への意識が飛躍的に高まっていて、自分の歯で最後まで食べられる方がとても増えている。このようなことが、寿命にも大きく影響しているそうです。また、ここ2年ほど寿命の延びが落ちていますが、これは**新型コロナウイルス感染症の影響**が大きいといわれています。このような大きな統計で見ると、やはりそれなりのインパクトがあったことがわかります。今後もこのようなことがあるかもしれません。

このまま平和が続くかどうかも、本当にわからない世の中ですが、もし、このままの社会が続くとしたら、日本の平均寿命はさらに延びていくといわれています。

「人生１００年をどのように過ごしたいですか？」という話をしましたが、逆に、「人生があと半年だ」といわれたら、あなたは何をしたいですか？　何を大切にしたいですか？

全く逆の質問のように思うかもしれませんが、皆さんに考えていただきたいと思います。

この間、ある「街づくり」をしている人たちと、「人生があと半年だったらどうする?」というカードゲームを使ったイベントを行いました。そこには小学生や中学生も集まってくれました。子どもたちと高齢の方、私ぐらいの真ん中ぐらいの世代の方、子どもたちのお母さんが参加してくれたのです。

ゲームのなかでみんなが、「これいいね」と口をそろえたカードがありました。それは、**「いい人生だったと思えること」**と書かれたカードでした。どの人も、「これが一番大切だ」と思ったようです。

「『人生があと半年だ』といわれたら、どんなことをしたいですか?」と聞かれたときには、「いい人生だったといいながら、最期を迎えたい」というカードが、何歳の方にも一番人気でした。

そう考えてみると、先ほどの「人生100年をどのように過ごしたいですか?」ということも、「あと半年どう生きたいか」ということも、私は共通することのように思います。

どちらも、「いい人生って何だろう」「よく生きるって何だろう?」ということを考えることではないでしょうか。

「いい人生とは何だろう?」という問いは、非常に価値観が入るものです。

例えば、哲学や文学など、いろいろな学問の分野で、「いい人生とは何だろう?」ということが論じられてきました。もう何千年も前から、人間が言葉を残すようになってから、いろいろなところで扱われてきたテーマだと思います。

このテーマについて、「人間はどのように考えるのか」を研究することは、とても大切なことです。

イギリスの研究の結果[5]では、イギリスの65歳以上の方、およそ1000人へアンケートを行って、「あなたにとって、あなたの人生をよくする、あるいはクオリティ・オブ・ライフ(生活の質)を高めるものは何ですか?」という質問をしました。

皆さんが回答したものを集計すると、イギリスのシニアの方々の約80パーセントの方が答えたのが、**人との交流や関わり**でした。これには家族も含まれると思いますが、人との関わり、つまり、**つながり**です。これが1番目でした。

そして2番目が**社会的な役割や社会的な活動**。3番目が**個人で行う趣味や活動**。4番目が**健康**。5番目に**精神的にウェルな状態**、つまり自分が生き生きとしていること。6番目が**自宅や近所、住んでいる所の環境**と**経済的な状態**、そして**自立している**ことでした。

この結果を意外に思った方もいらっしゃるかもしれません。

日本で行われたアンケートで比較的似ているのが、内閣府が2年前に、60歳以上の方2500人ぐらいに行ったアンケートです[(6)]。

そのアンケートの中で、「生きがい(喜び・楽しみ)を感じるときはどういうときですか？」という質問があります。この質問は、「生きがい」の後ろにカッコをつけて「喜び」や「楽しみ」という注釈がついているので、先ほどのイギリスのアンケートとは、少々言葉の意味合い（ニュアンス）が違うかもしれません。

このように聞かれた場合、日本の60歳以上の方々は、「家族との団らん」「おいしいものを食べる」「趣味や活動に熱中できること」などを上位にあげました。

また、「友人との交流」「テレビやラジオを見ているとき」「旅行」「夫婦のだんらん」「他人から感謝されること」「仕事に打ち込んでいるとき」「収入を得るとき」「勉強や学びをしているとき」……。このような回答になりました。

いかがでしょう?

「生活していて、喜びや楽しみを感じるときや、生きがいを感じるときはどんなときでしょう?」

と聞かれたときに、皆さんはどんな生活の場面を思い浮かべますか。

このような研究を、いろいろな国が行うようになってきたのです。

・たくさんの方が高齢まで生きられるようになって、**平均寿命**が延びた。
・ある程度、**健康寿命**も延びてきている。
・では、さらに豊かに生きることを考えたときに、皆さんが大事にしたいと思っているのは、何だろう…?

というところに、世界中の関心が移ってきているのだと思います。

イギリスと日本のデータをお伝えしましたが、では世界13カ国で行われた、24件の研究結果を合わせてみます[(7)]。

世界中のシニアの方々が、1番大切に思っていること、人生を豊かにするために、よく生きるために大事なことだと思っているのは、**人間関係や社会の中で活動したり役割を持っている**ということです。

2番目は、うれしいとか、楽しいとか、穏やかとか、いわゆる**ポジティブな感情や情動を味わう瞬間がある**ということです。心が明るい色に染まる一時《ひととき》を持つことができるということで、「食べる」とか「寝る」とかというのは、日々の楽しみや喜びになっている方も多いでしょうから、もしかしたら近いかもしれません。

そして、3番目が、**自立した暮らしができる**ということ。自分で自分のことができていることです。

4番目が**体の健康**で、5番目に、**精神的な豊かさ（宗教）**でした。日本ですとあまり強く感じることはありませんが、世界全体で見ると宗教の力は大きいようです。世界13カ国の中には、非常に宗教心の高い地域もありますので、5番目に宗教が入るのでしょう。

6番目が**認知面**で、認知的な機能がしっかりしていることです。

「豊かに老いること」を考えたときに、大切なのはこのような順番になっています。

以上を振り返りますと、世界中どの地域でも共通して、**人とのつながり**とか、**社会とのつながり**というものが、大きなテーマになっていることがわかります。

「エイジングパラドックス」と「サバイバーズ仮説」

次は「幸せ」についての調査に関するデータです。

「あなたは現在の生活にどの程度満足していますか？　0を不満、10を満足としたときに0から10の中から数字を一つ選んでください」

世界価値観調査と呼ばれる、非常に大きな研究が世界中で行われています。先進国だけではなく、多様な国・地域が参加する世界規模の調査です。

5回目の調査のときに58カ国のデータが集まりました。この調査で、世界中の16歳から90歳までの方々に、生活の満足感について共通の質問をしたのです。

すごい量のデータですが、この結果を調べると、年齢と生活満足感との関連は年齢に応じて、**U字型の分布**になるようです。

この調査だけではありません。質問を若干変えて、「人生への満足」とか、「今、幸せかどうか」というように、**ハピネス**や**ウェルビーイング**に関する主観的なデータを取ると、若い人は比較的高いのに、20代に向けてぐっと下がり、40代、50代が底になるのです。

そして60代からまた高くなっていくという、全体的に見るとUの字のようになるのです。

高齢になっていくと、満足度が高い人もいれば低い人もいて、ちょっとしたブレが出てくるのですが、高齢期になればなるほど、満足感や幸福感が高い人が多いのです。

これは老年学、特に老年心理学や老年社会学といわれる分野では、**エイジングパラドックス**と呼ばれている現象です。

なぜパラドックスなのかというと、高齢期というのは、研究をしている若い人の目から見ると、「健康や年金などの心配もあるだろうし、孤独という問題もあるだろうし、生活をする上ではそれほど豊かには見えない」と思っているのに、高齢者本人に聞くと「私は幸せです」と答えるのです。

「これはおかしいのではないか？ 矛盾しているのではないか？」と若い研究者が思うところから「パラドックス」（逆説）とよばれてきたわけです。

皆さんはどう思いますか？ U字型になることに納得しますか？

30代、40代、50代は、いろいろなしがらみがあり、やらなければならないことがたくさんあります。**中年期はサンドイッチ世代**などといわれますが、子どもを育てなければならないし、一生懸命に仕事もやらなくてはならない。また、親の面倒も見なくてはいけない……。

そんなつらい時期が終わって、「ようやく私の人生が始まるのが60代から！」などという方がいらっしゃいます。このように感じることで、60歳以降、幸せは上り坂になるというのです。年をとるほど、お金のことや、健康のことなど、不安になることがたくさんありそうなのに、高い幸せを感じているのです。

ここで本の宣伝をさせてください。2023年4月から、**武蔵野大学ウェルビーイング学部**の学部長になられる予定の、前野隆司先生という有名なウェルビーイング研究の方がいらっしゃいます。この前野先生と一緒に、**『60歳から幸せが続く人の共通点』**という本を出版しました(9)。この本にこの話について詳しく書かれているので、よろしければ手に取っていただければと思います。

この**エイジングパラドックス**については、いくつかの説が出ています。

若い頃は、つらいと思うようなことも、年をとっていくとだんだんとうまく対応することができるようになります。知恵や、生きる力がつくのです。

また、生きていくなかで、「問題を解決するためのいろいろな引き出し」が増えていくので、若い頃にはつらいことのように思えたことが、「案外、そうでもないな」と思うようになるのです。「いわば**年の功**というのがあるからだ」という仮説があります。

もう一つ、「幸せな人ほど長生きをするから」という説もあります。これは**サバイバー**

ズ仮説といいます。先ほどのお話で、西東京市の市長さんが、「100歳以上の方にお話を聞くと、『くよくよしない』とおっしゃっている方が多い」といっておりましたが、まさにそのような方のほうが、**寿命が長い**というデータもあるのです。

ですから、「幸せな人ほど長生きをして、不幸なことばかりに目がいってしまうタイプの方はどうしても早めに亡くなってしまう」ということもあるかもしれません。

さらには、「年をとっていくと、若い頃に思っていた幸せとか満足と、そもそも質が変わっていく」という説もあります。昔はとても不幸だと思っていたことも、年をとるとそれほど不幸ではないと思えるのです。

このように、「高齢になるほど幸せになっていくこと」については、それなりの根拠と、いくつかの説があります。「これが答えです」という明らかなものはありませんが、「なるほど」と思われるような仮説がいくつも提案されています。

いずれにしても、問題は年をとって幸福を感じられる方も、幸福を感じられない方もいらっしゃるわけです。そのように大きく個人差が生じてしまうことが、**高齢期の課題**なのだと思います。健康においても、幸せにおいても、どうしても個人差が出てくるようです。

学生さんに、「高齢者の人間関係というと何を思い浮かべますか?」と聞くと、「孤独死」という言葉が返ってきます。

一方で同じ学生さんたちに、「では皆さんの周りのシニアの方々は、孤独でしょうか?」と聞くと、「全然そんなことはありません」「うちのおばあちゃんはすごく楽しそうです」「うちのおじいちゃんはいつも忙しそうです」と答えたりします。

いろいろな状況があるのが、高齢期なのかもしれません。

●フレイル・サポーターと生きがい

私はずっと、**「社会関係」**や**「社会参加」**と、**「幸福」**や**「健康」**ということとの関連性について研究をしてきました。そこでキーワードになるのが、「誰かの役に立ったり、お世話になったり、感謝したり(されたり)」ということです。

このような、他人や社会とのつながりや関わりをどれだけ持てるか。そしてそれを持ち続けることができるか。これが高齢期が幸せな時代になるかどうかの大きな分岐点のように思います。

「いい人生かどうか」「幸せかどうか」を考えたときに、自ら孤独を選ぶ方ももちろんいらっしゃいますが、大きく世の中全体を見ると、**「他人や社会との関わり」**がかなり大きいと私は考えています。

フレイル予防の第一人者である、東京大学の飯島先生の主導で、西東京市ではフレイル予防のために住民ボランティアの方々が、**フレイル・サポーター**として活躍しています。住民がボランティアで参加し、研修を受けた、市民ボランティアです。

自分がフレイルになっていないか、なる危険はないかをチェックする、**フレイルチェック**というものがあり、それを市民の皆さんに提供するのですが、そのチェックをお医者さんや看護師さんが行うのではなく、市民ボランティアの皆さんが行うという取り組みになっています。

全国でも西東京市がいち早くやりはじめて、今では全国にこのサポーターさんの輪が広がっています。

私は飯島先生のチームで、「フレイル・サポーターの方々が、活動を通してどんな生きがいを得ているのか」ということを研究しています。地域の健康を支える側になっている方々が、どのような思いでこの活動をされていて、参加することによって何を得ているのかということを明らかにしようとしています。

この市民ボランティアの皆さんは、大学のパートナーとして大活躍されています。この皆さんが、「活動を通していったい何を得ているのか？」ということを観察したり、いろいろなデータを取らせていただいたりしています。私たちは、皆さんの言葉や、日々のアンケートへの回答などを使って調べていくわけです。

その結果、フレイル・サポーターの方々が、フレイル予防の活動を通して得ているものが、大きく3つに分けられることがわかりました[10]。

１つは**「楽しみ」**ということです。「自分が楽しいからやっている」というのです。確かに、人前に立ってお話をすることは、とても緊張してドキドキします。

また、大学のデータ収集も兼ねていますから、「間違っちゃいけない！」と、皆さん非常に緊張されます。ところが、活動が終わって、『『今日もみんなが笑顔になって帰ってくれた』とホッとするのが、たまらない」とおっしゃる方がたくさんいらっしゃいます。

ドキドキとか、うれしいとか、ホッとするというように心が動く……。これが元気になる秘訣なのかもしれません。

２つ目が**「成長」**ということです。活動するのは市民のためですが、「自分もこの活動を通して新しい知識を得ることができるし、周りから期待される。だから頑張ります」というのです。活動がうまくできたことへの達成感がありますし、自分の自信にもつながります。今までこのような活動を全くやったことがない方もいれば、このような活動をずっとやってきた方もいらっしゃいます。いろいろな方が、自分の目標を立てて、それを達成し、また新しい目標を立てて……、と自分が成長する喜びを感じています。

そして3つ目が**「つながり」**です。「社会のために役に立てる、地域の健康に自分が役に立てている」ということを感じるそうです。会場に来た方々とおしゃべりするなかで、「ありがとう」と感謝されたり、仲間と一緒に活動することで、仲間に助けてもらったり。先生や他のサポーターの方など、尊敬する人に出会って、「私もこんな人になってみたい」と思うこともあるそうです。

このように、サポーター活動に参加することから、「楽しみ」「成長」「つながり」といったさまざまな経験ができることで、元気を得ていることがわかりました。

これはフレイル・サポーターの方の例ですが、皆さんの中にも、地域活動のお仕事をされている方がいらっしゃると思います。社会的な活動は、大なり小なり、「楽しみ」「成長」「つながり」ということを与えてくれるのではないでしょうか。

●人との関わりは「ギブ・アンド・テイク」

第1部の講演では、仕事ということがテーマになっていましたが、「仕事を続けたい」という気持ちの中には、お金だけではなく、「毎朝起きて、出かけていって、ワクワクしたい」ということも含まれているように思います。時々、誰かに怒られることもあるかもしれませんが、それも含めて、「自分が役に立っている」「成長できている」と感じたいのです。

そのような気持ちが、**心の元気さ**、**若々しさ**を維持するコツになっているのではないでしょうか。

社会の中に自分の役割があったり、他者とつながりがあったりすると、そのような点で**幸せに繋がる**のではないかと考えます。

西東京市のボランティアの方々のお話を伺うと、はじめは、「楽しそう」とか、「健康によさそう」とか、「何かの役に立ちそう」など、いろいろな気持ちから参加しているようでした。

ところが、実際に参加してみると、**仲間**とか、**生きがい**などというものを得ることができた。そうなると「やめられなくなる」のだそうです。

もちろん、活動が合わずにやめていく方もいらっしゃいます。それはどの仕事でも、どのボランティア活動でも同じだと思います。そのような方々は、別の活動の中で「自分に合ったもの」を見いだせたときに、それが生きがいになっていくはずです。

「誰かの役に立つ」「誰かを支える」ということだけでなく、「自分がみんなから支えられていることに気づくことも大切なのだ」と、皆さんのインタビューから気づくことができました。


また、少し若い方も含めて、「日頃、周りの人とどのようなやりとりをしていますか?」ということを聞いた調査結果があります。2023年の夏に行ったインターネット調査ですが、1200人の方々に伺いました。

その中から50代、60代、70代の方々のデータをご紹介します。


「日頃、人との関わりの中で、どのようなものをもらったり、あげたりしていますか?」

と質問して、多く選ばれた1位から5位までをあげました。

すると、「(周りの人から)笑顔をもらった」というのが、どの年代も多い回答でした。

あまり意識をすることはないと思いますが、改めて言われてみると、私たちは人と付き合う中で、笑顔をもらうことによって勇気づけられていることはたくさんあると思います。また、「自分が笑顔になった(相手に笑顔を見せることができた)」ということも上位にあげられています。

18歳以上1,200人への調査(2023年実施)から:日頃、人からもらうもの、あげるもの

	55〜59歳	60〜64歳	65〜69歳	70〜74歳	75歳以上
1位	感謝の言葉をかけた(58%)	笑顔をもらった(66%)	笑顔をもらった(71%)	笑顔をもらった(52%)	笑顔になった(49%)
2位	笑顔をもらった(54%)	感謝の言葉をかけた(66%)	笑顔になった(70%)	笑顔になった(46%)	笑顔をもらった(47%)
3位	笑顔になった(46%)	感謝の言葉をもらった(61%)	感謝の言葉をかけた(70%)	感謝の言葉をかけた(46%)	感謝の言葉をもらった(37%)
4位	感謝の言葉をもらった(43%)	笑顔になった(61%)	感謝の言葉をもらった(57%)	感謝の言葉をもらった(35%)	感謝の言葉をかけた(36%)
5位	手助けした(39%)	共感した(48%)	共感した(44%)	悩みをきいた(30%)	共感してもらった(31%)

次は言葉です。感謝の言葉。**「ありがとう」**とか、**「おかげさま」**とか、**「ご苦労さま」**など、感謝の言葉としてさまざまな言葉があります。「誰かに感謝の言葉をもらった」とか、「自分が誰かに感謝の言葉を伝えることができた」ということも、関わりの中で生まれる大事なやりとりだと思います。

「人からもらうもの」とか、「人にあげるもの」というと、物やお金といった、目に見えるものを考えがちですが、そのような項目も今回の調査に入っていました。

でも、それらはかなり状況に左右されるようです。特にお金は、仕事をしている人はもらえますが、お金の発生しないボランティア活動ではもらうことができません。

ですが、「目に見えるものは得られなくても、活動をとおした人との関わりのなかで、笑顔や言葉のやりとりを行うことで元気をもらっているのだ」ということがわかりました。

また、「人からもらうもの」「人にあげるもの」ということを調べていくと、「人にあげているものが多い人ほど、人からたくさんのものをもらっている」ということもわかりました。

人との関わりとは**やりとり**です。**「ギブ・アンド・テイク」**という言葉は、少々冷たい、割り切ったような感じもしますが、やはり**お互いさま**ということなのだと思います。

「あげている人ほどもらっている」「もらっている人ほどあげている」。

あげているものが多い人というのは、「お友達に笑顔をあげている（お友達を笑顔にしている）」とか、「『ご苦労さま』といった声がけをしている」とか、「友達が困ったときに手助けをしてあげた」という人たちです。

有形無形にかかわらず、「人にあげることができる」ということは、**無類の幸せ**なのかもしれません。

では、どんな人が「あげている」のでしょうか。

私は、「あげることのできる人は、余裕のある人」だと思っていました。時間があったり、健康が比較的よい状態にあったりする人が、周りの人にいろいろなものをあげているのだと思っていました。ですが、実はそれは関係がありませんでした。年齢も関係がありません。

時間的な余裕、健康状態、年齢よりも、「自分の人生で、感謝することがたくさんある」

と考えている人ほど、人にいろいろなものをあげているのです。

また、「周りの人の幸せに関心がある」とか、「世の中の人のために、自分ができることをやってあげたい」……。そのように、考えている方、人に対して関心があって、感謝する思いがある人ほど、あげているということがわかりました。

他には、**つながり**や**役割**を持っている人も、「あげることができる人」でした。仕事を持って働いていたり、何かに参加していたり、友達やご近所付き合いがあったり、家族との交流があったりする人たちです。それはそうです。誰かと交流がなければ、あげたくてもあげることができません。

誰かとつながりがあり、そこで感謝の気持ちを持って生きている方が、周りの人に何かをあげています。そして、あげている人は**幸せ**なのです。そのようなことが、この調査から見えてきました。

ちなみに、この調査は18歳以上が対象で、若い人も含まれていましたが、「若い人のほうがもらうことが多い」という結果も出ました。シニアの方ほど、あげることが多いのです。だから、シニアの方は幸せなのかもしれません。先ほどの「幸せのグラフ」がU字カーブになることとの、私なりの**新しい仮説**です。

幸せに生きるための3つの要素

秋山先生のお話で、**貢献寿命**という言葉が出ていました。**平均寿命**を延ばして、**健康寿命**を延ばして、その次は「社会と関わって、人生に積極的に関わっていく」ということでした。では、**「社会に貢献する」**とはどのようなことなのでしょうか？

貢献寿命とか、貢献年齢というと、一般的には「働けること」と思われがちですが、これまでお話ししてきたことからすると、必ずしも働くことに限った話ではないことがわかると思います。

特に、「幸せに生きる」「よく生きる」ということに関わる貢献を考えたときに、大切なことは、次の3つの要素だと思います。

まず1つ目に大切なのは、**「他人や世の中に関心を持って、関わりたいという思いがあること」**です。これはとても大事なことです。世の中に対して関心を持たなくなってしまったり、周りの人に対してあまり興味を持たなくなってしまったりすると、「貢献する気持ち」とか、「人と関わる気持ち」を持つことができません。

年をとっていくに従って、体の不調が増えると、この意欲が削られてしまうこともあるでしょう。どうやってこの意欲を維持していくのかはとても難しい問題ですが、一番大切なことだと思っています。

2つ目に大切なのは、**「貢献するためには、役割やつながりがあること」**です。つながりを持っているからこそ、人と関わりたいという意欲を形にすることが出来るのです。

社会と関わる、社会に貢献する

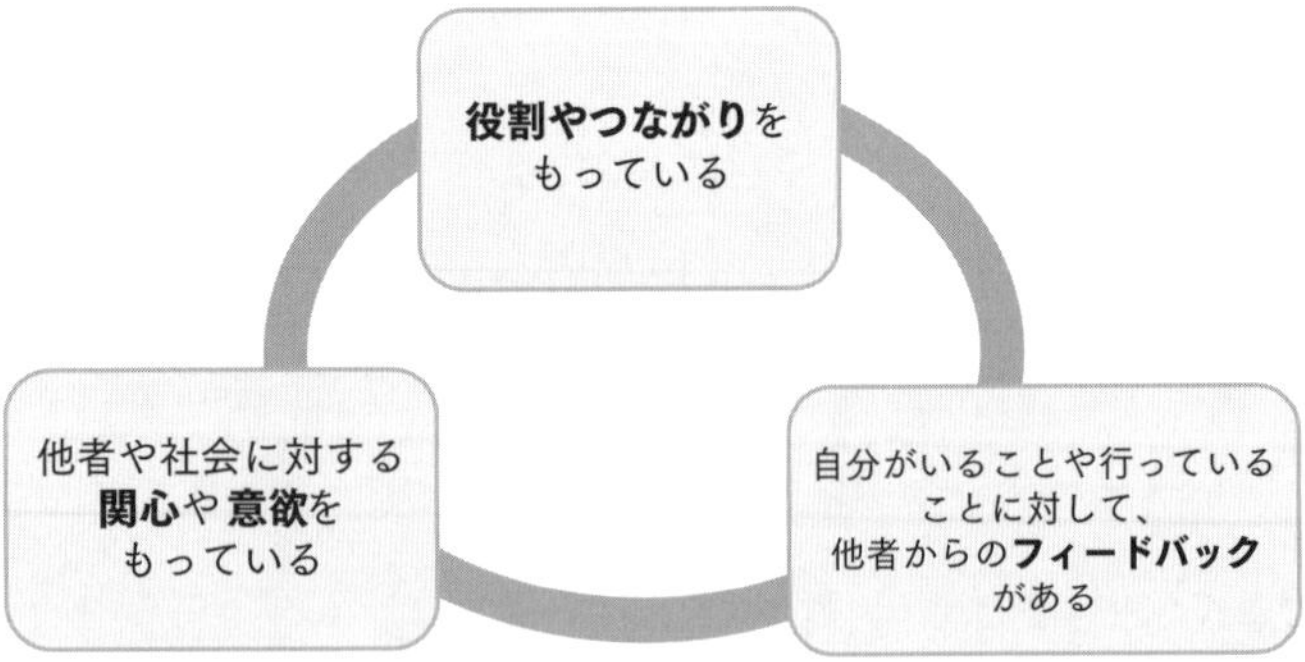
役割やつながりを
もっている
自分がいることや行っている
ことに対して、
他者からの**フィードバック**
がある
他者や社会に対する
関心や**意欲**を
もっている

そして３つ目は、**「何らかの形で、誰かが反応してくれること」**です。今ですと「ＳＮＳで『いいね！』をもらう」ということがありますが、これも一つのお返し、つまりフィードバックだと思います。

自分が存在していることを認めてもらうのです。自分がＳＮＳに書き込んだこととか、自分が撮影した写真に対して、誰かが『いいね！』といってくれることも、人とつながっていることを感じられる一つの形だと思います。

先ほどの、「ありがとうといってもらう」とか、「笑顔を返してもらう」とか、お金や物をもらうということも、大切なフィードバックの一つだと思います。

他人との間に**つながり**があり、それに対して「自分もさらに**関わっていこう**」という気力が生まれ、さらに**フィードバック**がある。

これらがうまく循環したときに、「社会に貢献している」ということになるのだと思います。

また、**「働く」**という**つながり**を持って、そこに**対価**をもらって、「もっと働きたい」という**意欲**につながる方もいらっしゃいます。

たとえ寝たきりになっても、自分の世話をしてくれる方とのつながりがあり、その方に対してありがとうという**感謝の言葉**をいえる方もいらっしゃいます。もし、お子さんを育てている方が介護してくれているとしたら、その方の生活に**関心**を持って、「お子さんは最近どう？」などという会話ができます。

このように**社会への貢献**というのは、いろいろな形であるように思っています。

このような**「貢献」「つながる」「役割を持つ」**という**きっかけ**は、どういうところにあるのでしょう？

いろいろな地域で活動をさせていただいているなかで、「最初のきっかけが難しい」ということを耳にします。

本日、このような勉強の場とか、講演などのイベントに参加している方はすでに世の中の動向に関心をもち、参加しているのですから問題ありません。皆さんは家に帰られたら、ここに参加されなかった方に、このお話をお伝えいただければと思います。

貢献のきっかけとして、例えば**「地域の方を見かけたらあいさつをする」**というのはいかがでしょう。当たり前のことですが、そこがつながるきっかけになると思います。近所に顔見知りをつくるのです。地域でイベントがあれば、そこに参加してみるのもいいでしょう。参加したことで、「ちょっと手伝ってほしい」といわれたら、多少面倒くさくても引き受けてみましょう。

このようなきっかけは、実はとても大事なのです。あいさつをきっかけにいろいろな方々のお話を聞くことができると思います。

次に**趣味**をきっかけにしてみましょう。趣味もなかなか難しいようで、「年をとると、いろいろなプライドが邪魔をする」と皆さんおっしゃいます。

過去にやっていたこととか、やりたいと思っていたけれど、これまでできなかったことに挑戦する場合もあると思いますが、「今さら人に聞くのが恥ずかしい」とか、「ゼロから始めるのは緊張感がある」とか、「初心者を受け入れてくれるクラブが見つからない」とか、始めの一歩にはいろいろな悩みがあるようです。

ですが、「初心者さん大歓迎！」というところが必ずありますので、まずはそこに飛び込んでみましょう。知り合いがやっている趣味に同行してみるのもいいでしょう。

やはり、**「挑戦心」**みたいなものは必要だと思います。とにかく新しい趣味に飛び込んでみるのです。

お仕事でしたら、**「過去の経験が役立ちそうなこと」**とか、**「自分が誰かの役に立てそうなこと」**に参加してみてはいかがでしょうか。仕事の場合でも、今までやったことのないことにあえて挑戦してもいいと思います。

趣味でも仕事でも、何よりも**「自分が楽しんでできそうなこと」**に挑戦するのです。これから始めるのであれば、これが**キーワード**になると思います。

高齢になってからいろいろな活動を始めた方に、**「活動を始めたきっかけ」**を聞いたことがあります。

すると、皆さんが口をそろえて、**「自分に合わなければやめればいいのだから」**とおっしゃいました。皆さん、真面目ですから、「一回始めたら、がんばらなければいけない」と思っています。

ところが、いろいろな活動を行っている方にうかがうと、「私、これ５つ目の活動だよ」とか、「これまで４回ほど別の活動をしてみたけど、全く自分に合わなかった。でも、ようやく自分に合う所が見つかった」とおっしゃったりします。ダメでもともとの気持ちで始めるくらいがいいのかもしれません。

そのような話を聞くと、少しは**自己中心的**になることも大事なことだと思います。

最後になりますが、自分の人生や生活をよいものにしていくときに、「これからはどこで何をやるか」が大切になっていきます。

「現在、電車に乗って遠くまで行く趣味の活動をしている」とか、「遠くまで行って働いている」とか、「友達はみんな遠くにばらばらに住んでいる」とか、「ネット上に友達がいる」とか、いろいろな状況だろうと思いますが、現在の皆さんの活動の場はどこでしょうか。

そして、10年後にはどのようになっていたいでしょうか。

10年後の自分の生活について、「働くならどこで働きたいか」「学ぶのならどこで学びたいか」「趣味を楽しむならどのように楽しみたいか」など、考えていただきたいと思います。

そこで、現在の状態と、10年後の状態を書き出してみてください。10年後を想像するのが難しいようでしたら、5年後でも3年後でもかまいません。現在の状況と未来について、「どこで何をしていきたいか」を2つ並べて書いてみてください。

すると、「今はまだ何もやっていません」という方もいらっしゃると思います。そのような場合には、「これを試してみたい」「試すなら○○でやってみようかな」ということからお考えください。

そして、「どの分野のこと」を、「どこでやりたいか」ということが具体的に見えてきたら、ぜひそれに向けて挑戦していただきたいと思います。

5年先、10年先となると、できることや行ける場所も変わってきますので、それに備えて、新しい場所を少しずつ開拓していきましょう。

自分に合う場所を見つけるのには少々時間がかかるかもしれませんから、10年後のために今から行動しても早すぎることはないと思います。

ぜひ、今日をきっかけにして、皆さんの**楽しみ**や**学び**、そして**活躍の場**を、いろいろな分野で開拓していただければと思います。

以上で私の話を終わらせていただきます。本日はありがとうございました。

【注】

(1)株式会社電通　電通ヘルスケアチーム（２０２３）「電通、第17回「ウェルネス1万人調査」を実施」・電通調査レポート（２０２３年８月30日）．〈https://www.dentsu.co.jp/news/item-cms/2023011-0830.pdf>〉

(2)リンダ・グラッドン，アンドリュー・スコット（著）池村千秋（翻訳）（２０１６）『LIFE SHIFT（ライフ・シフト）』，東京経済新報社

(3)河合雅司（２０１７）『未来の年表―人口減少日本でこれから起きること』（講談社現代新書），講談社

(4)和田秀樹（２０２２）『80歳の壁』（幻冬舎新書）幻冬舎

(5)Bowling,A.(２００７)"Quality of life in older age: What older people say". In H. Mollenkopf & A. Walker (Eds.) Quality of Life in Old Age, 15-30. Springer.

(6)内閣府（２０２１）「令和３年度高齢者の日常生活・地域社会への参加に関する調査結果（全体版）」，<https://www8.cao.go.jp/kourei/ishiki/r03/zentai/pdf_index.html>

(7)Reich,A.J. et al.(２０２０)"What does, successful aging, mean to you?-Systematic review and cross-cultural comparison of lay perspectives of older adults in 13 countries, 2010-2020". Journal of Cross-Cultural Gerontoogy, 35(4) :455-478.

(8)Blanchflower, D.G. (２０２１)"Is happiness U-shaped everywhere? Age and subjective well-being in 145 countries". Journal of Population Economics, 34:575-624.

(9)前野隆司，菅原育子（２０２３）『「老年幸福学」研究が教える　60歳から幸せが続く人の共通点』（青春出版社新書），青春出版社

(10)Matsuda, Y., Baba, A., Sugawara, I. et al.（２０２４）"Multi-faceted well-being experienced by community dwelling older adults engaged in volunteering activities of frailty prevention in Japan".Geriatrics and Gerontology International, DOI:10.1111/ggi.14826.

「互恵のための遠隔コラボレーションシステム」

東京大学大学院 情報理工学系研究科教授
葛岡 英明

東京大学の葛岡と申します。こちらの教室にお越しいただいて、ありがとうございます。先ほど覗きに来られた方が、「きっと難しい話をされるのですよね。他のところに行ってみます」とおっしゃっていましたが、そんなことはありません。

私たちは日常的にごく当たり前にコミュニケーションをとっています。それを何とか遠隔地間でも同じようにできるようにしたり、**バーチャルリアリティ技術**を使って、当たり前以上のコミュニケーションを実現したりすることができないか、という研究をしています。

●「社会的手がかりの支援」とは

今回のタイトルは、『互恵のための遠隔コラボレーションシステム』としていますが、高齢者同士、若齢者と高齢者、あるいは若齢者同士など、すべての世代の人たちがコミュニケーションできて、助け合える環境を作ろうとする研究について、ご紹介しようと思います。

まず、**ロボット技術**や、**バーチャルリアリティ技術**を使った研究を紹介しますが、今日は特に、**「社会的手がかりの支援」**に注目します。

今日お話しすること
ロボット技術や
を利用して支え合う

この社会的手がかりとは、英語では**「social cues」**といいます。私たちが会話をするときに使う表情や、視線、手ぶり、あるいは、今どのような場所で、どのような状況にいるのか、何をしているのかなどのすべてが、社会的手がかりということができます。

例えば、「誰かと話をしたいな」と思ったときに、「その人が暇なのかどうか」ということは、重要な手がかりになります。コロナでテレワークが普及しましたが、そのような状況では、社会的手がかりはよく伝わりません。

後ほどご説明いたしますが、**遠隔コミュニケーション**のときに、画面越しに人や物を見ても、「どこを見ているのかよくわからない」とか、「指をさしていても、何をさしているのかわからない」などということが起こります。

「誰かに電話でパソコンの使い方を教えようとしても、なかなか伝わらない」というようなことが起こってしまうのです。

では、それをどのように解決していけばいいのでしょうか。

●ロボットを使った技能伝承

まず、**テレプレゼンスロボット**と呼ばれるロボットのお話をします。

テレプレゼンスロボットというのは、遠隔地にいる人が操作をして、その人の代理として働くようなロボットです。ロボットに搭載されたディスプレイに相手の顔が映って、その人と遠隔コミュニケーションができます。

なぜそのようなツールが必要なのでしょうか？

団塊世代の退職等に伴う、「技能継承の問題」について調査をした結果、「継承に問題がある」とする事業者が、約30パーセントいらっしゃいました。

その**技能伝承**などの**人材育成**に関する問題の内訳を調べてみますと、「指導する人材が不足している」「人材育成を行う時間がない」ということがわかりました。

つまり、団塊世代が退職すると、技能を持った人がいなくなることで、「指導する人材が不足してしまう」ということになります。

ところがテレプレゼンスロボットを利用すると、「こうすればうまくいくんだよ」という指導や、「そこが壊れているんじゃないの？」というような支援を、退職した方が家から遠隔で行うことが可能になります。

また、熟練技能者の数が少なくても、**1人の指導者が複数の場所に対して指導**するということもできるようになります。

そうした支援は、家庭においても、子どもや孫が高齢者に対して、「新しい家電製品の使い方を教えてあげる」とか、「きちんと薬を飲んだことを確認する」といったことにも使うことができます。

ロボットで「身ぶり」「手ぶり」を伝える

また、「使い方を教えるときに、どのようなコミュニケーションを行っているのか」を調べてみました。

40年ほど前に、**「マシニングセンター」**と呼ばれる工作機械を、熟練者が初心者に対して教える様子をビデオに記録しました。

このビデオを分析すると、**「指さし」**がとても重要であることがわかりました。また、指さしだけではなく、熟練者は「こうやって回せ」とか、「こちら側に動かせ」など、初心者に対していろいろな表現で説明をしています。そのとき、熟練者が**視線を動かす**ことで、相手が理解をしているかどうかを確認している様子が示されていました。

このことからも、**指さし**や、**視線**が、遠隔のコミュニケーションでは非常に重要なことがわかります。

30年ほど前に、私は**「GestureCam」**というテレプレゼンスロボットのシステムを作りました。熟練者が、自分の代理になる小型のロボットを操作して、いろいろと見回したり、指さしをしたりすることができるロボットです。アーム部分に、レーザーポインターと小さなカメラをのせています。

リーダーフォロワー方式といいまして、リーダー側の装置を動かすと、フォロワー側のロボットが動くようになっています。実際には、これを遠隔地間に置いて、熟練者がリーダーのほうを動かします。フォロワー側にレーザーポインターが搭載されているので、リーダーを操作することによって遠隔に指さしをすることができます。

最初は、「熟練者が遠隔の様子を見回して、ポインティングで指示ができる」と、単純に思っていたのですが、実際に遠隔で指導をする実験をしてみると、教わっている人もこのロボットの動作を見ることによって、「遠隔の熟練者が何をしようとしているのか」「何に興味があるのか」「どこを指さそうとしているのか」がわかることが明らかになりました。

つまり、ロボットの動きが、**身ぶり手ぶりの役割**をしているのです。

このようにして、30年ほど前から、「ロボットをコミュニケーションのツールとして使うことが重要だ」とわかってきました。

遠隔でも「あうんの呼吸」

テレプレゼンスロボットを使うと、いろいろな意図を示すことができます。ご説明したのは、ポインティングに注目したロボットでしたが、**「見回す」**とか、**「顔の向き」**というのもかなり重要な要素です。

今、ここで私がお話をしていますが、「皆さんの方向を見て、様子を見ている」ということが、私の顔の向きでわかると思います。「そこにイスがあります」といったときに、「私から見て左側の前から3列目のイス」などといわなくても、私がどのあたりのイスを見ているのかが、顔の向きでわかるわけです。

このように、顔の向きはとても重要なのですが、テレプレゼンスロボットに搭載されているカメラは、かなり広角で広い範囲を見ています。ですから、ロボットの頭の向きが、ある方向を見ているように見えていても、実は遠隔操作をしている方は、全く違う方向を見ている場合があります。

どこを見て話しているのかがわからないと、ロボットを介在しての**遠隔コミュニケーション**はうまくいきません。

そこで、「遠隔操作をしている人が、ロボットを通して何を見ているのか」がキチンと伝わるように、頭の向きに注目した研究も行いました。

ロボットの胴体に3個のカメラを搭載して、幅広く遠隔ロボットの前方の様子を見ることができるようにしました。そして、カメラから送られてきた映像を表示する3台のディスプレイを、遠隔から操作する人の前に水平方向に並べて置きます。

遠隔の人は、遠隔の様子を見回すために頭を左右に動かすので、その頭の動きに連動するようにロボットの頭を動かしてあげます。当たり前といえば当たり前のことですが、このように作られているロボットはほとんどありませんでした。

こうすることで、遠隔の人が今どこを見ているのかが、すぐにわかるようになりました。

次に、「向き」についてのコミュニケーションの例をお見せしましょう。

花が植えてある小さな鉢があるとします。持ち主の彼女は、彼に「どこに置こうか」という相談をします。彼女が置き場所を探して、右や左を見回すと、それに合わせて彼も同じ方向に身体《からだ》を同期して動かします。

人は対面して相談をするときには、2人が同じように身体を動かすのです。それは、「お互いに理解している」「わかり合っている」ということを示します。これを**「あうんの呼吸」**といいます。

そのような「あうんの呼吸」が、ロボットを使って遠隔で対話をしていてもできます。ロボットが右を見ると、こちらにいる人も同じ方向を向きます。遠隔の人は、右とか左とか何もいわずに見回しただけですが、身体が同期して動いているのです。

このようなことが、とてもスムーズにできるようになっています。

●「モナリザ効果」の解消

さらに、「遠隔操作の人の顔も見せよう」と考えて、ロボットに**液晶ディスプレイ**を搭載しました。遠隔の人が頭を動かすと、上下左右にディスプレイも動きます。「小さく作ったので、手軽に使えていいだろう」と思ったのですが、作ってみると、やはり遠隔の人がどこを見ているのかがよくわかりませんでした。**「モナリザ効果」**でした。

「モナリザの顔をどの方向から見ても、自分の方を見ているように見える」というのが、モナリザ効果です。

ＺＯＯＭで会話をしていて、相手がカメラ目線になっているときには、ディスプレイには相手が正面を見ている映像が表示されます。ですから、どの方向から見ても、モナリザ効果のためにいつも自分を見ているように見えます。

「一対一」で話をしているときはそれでいいのですが、「一対多」とか、「多対多」で話をする場合は状況が変わってきます。

例えば、ＺＯＯＭで孫と話をしているときに、孫の側には自分の子どもたちも一緒にいると、自分が孫の方を見たり、子どもを見たりして話しても、孫や子どもたちから見ると、モナリザ効果によって、誰を見ているかわからなくなります。

「この問題を何とかしたい」と思い、ディスプレイの上に目玉のようなものを取り付けて、遠隔の人がどこを見ているのかを、目玉がギョロリと動くことでわかるようにしようと考えたのです。

私は、テレビ石を使おうと思いました。**テレビ石**とは、天然に存在する石で、光ファイバーを束ねたような構造をしています。この石を映像の上に置くと、下の映像が上の面に浮き上がって見えます。

人工的に作った「人工テレビ石」が、500円ほどで売られているのですが、半球形に削って、目玉のような形にしました。それを液晶ディスプレイの上に描画した、キョロキョロと動く目玉の映像の上に置いてあげると、あたりを見回しているような、3次元的な目玉が出来上がりました。

遠隔操作の人の視線の検出には、**「Eye tracker」**という機械を使いました。遠隔の人はこちらの様子をディスプレイ越しに見ていますが、そのディスプレイのどこを見ているのかを検出して、うまく変換して目玉の動きにして見せてあげました。すると、誰に向かって話をしているのか、あるいは、何を見て話をしているのかがわかるようになったのです。

機械式の目玉を作ってもよかったのですが、それではかなり大きくなってしまいます。また、音が出たり、電力が必要になったりする問題もあります。

それに比べてこの方式は、半球形のテレビ石をつけてあげて、あとはちょっとしたソフトウエアを入れてあげればいいだけですから、とても簡単にできました。

ここまでテレプレゼンスロボットの紹介をしてきましたが、このような社会的手がかりに注目をすることで、**遠隔のコミュニケーションが円滑になる**のです。

製造業などの現場だけでなく、家庭にも普及することで、若齢者から高齢者まで、あるいは、現場から家庭内まで、いろいろな**実空間型の作業を遠隔地間で行える**ようになります。

「コンピューターのワープロで、文章を一緒に作りましょう」ということは、すでに簡単にできます。ところが、実際の空間の中にある何かを指さして、「それをもう少しこうしてください」とか、「これはこうやって使うんですよ」といったコミュニケーションには、社会的手がかりをうまく支援することが重要になります。

最近は、通信環境がかなり整ってきましたし、ロボット技術も発達していますから、このようなものがだんだん実用化されていくと思っています。

バーチャルリアリティだからこそできること

ここまでは、ロボットを使って実空間で作業をすることを考えました。

今度は、**「バーチャルリアリティ」**という、実空間ではない話になります。

バーチャルリアリティは何がいいのかというと、**現実にとらわれない**ということです。自分自身や、その空間、その場を、自在にデザインできるのがバーチャルリアリティです。

「自分自身でさえデザインできる」というのは、一体どういうことでしょうか?

バーチャルリアリティ用のゴーグルを使って、バーチャルリアリティの空間に入ると、その空間の中では自分の見た目を、いろんな人物として自由に表現することができます。

2013年の研究ですが、バーチャルリアリティの空間の中で、鏡を自分の前に置いて、それを通して自分の姿を確認できるようにしました。そのときに、「自分の手だけしか見えない場合」「自分がアフリカ系の人の姿で見えている場合」「自分がスーツを着たビジネスマンの場合」の、どの格好のときが「一番ドラムを上手にたたけるか」という研究をしたのです。

身体の動きを捉えるためのマーカーを取り付けて、隣には他の人が同じようにドラムをポコポコたたいているのが見えています。この人と一緒にドラムをたたくのですが、１つ目の条件では「自分の手しか見えてない状態でたたく」、２つ目の条件では「ビジネスマンになってたたく」、３つ目の条件では「アフリカ系の人になってたたく」ということにすると、アフリカ系の人になってたたいたときが、手の動きが速く、上手にたたくことができることがわかりました。

このような研究から、バーチャルリアリティで自分の身体を変えることで、**自分の心の状態**とか、**何かを認知する能力を変化させられる**ことがわかったのです。

私たちの研究室の鳴海先生は、「どのようにしたら、心の状態や、認知能力を適切に変化させることができるのか」ということを研究しています。

その研究によって、**自分の心と上手に付き合う**ことができるはずだと思ったのです。

少し落ち込んでいても元気になるとか、自分には能力がないと思っても、自分の身体をそれらしくデザインすることによって、自信を持ってそれができるようになる……、ということを考え始めています。

「そんなこと、どこまでできるのだろう？」と思うかもしれませんが、現在、いろいろな研究がされていて、例えば、魅力的な外見の**アバター**とか、身長の高いアバターを使うと、「バーチャルリアリティの空間で積極的になりやすい」ということがわかっています。

私たちの研究室の例ですが、バーチャルリアリティ空間で、「細身の身体になっているとき」と、「筋肉質の身体になっているとき」を比較しました。

その状態で、バーチャルリアリティ空間の中でダンベルを持たせると、筋肉質の自分になっているときのほうが、ダンベルを軽く感じてしまうのです。

軽く感じれば、それだけ多くの回数のトレーニングができるわけです。

最近、研究室でやろうとしているのは、バーチャルリアリティ空間で、若くなって見えることです。バーチャルリアリティ空間の中に入ったら、30年前に戻れるのです。私は今、学生に対して上から目線で話をしていますが、自分の見た目が学生と同じくらいに若返れば、違う気分で話ができるのではないかと思っています。

また、見た目や、若さだけではなく、**「表情」**に注目した研究も行っています。女性に三面鏡の前に座っていただきます。本人は普通の顔をしているのに、正面の鏡に映った自分の顔は画像処理で表情を加工して、ニッコリと笑っているのです。「自分がニッコリと笑っているのを見て、あなたは今、どんな気持ちですか?」と聞くと、何も加工しない場合と比較して、**「少しポジティブになる」**ということがわかりました。

つまり、「ポジティブだから笑うのか? 笑ったからポジティブになるのか?」というと、今のところ、よくわかってはいないのですが、私は「どちらもある」と思っています。必ずしも、意識によって自分の表情や行動が規定されるのではありません。まさに、**「笑うことは健康にいい」**ということだと思います。

ですから、バーチャルリアリティで自分の顔が笑っているのを見るだけでも、自分が笑ったような気になって、**「少し幸せな気持ちになれる」**ということになります。

逆に、その人の目から水を垂らして、涙を流したように見せると、何となくちょっと悲しくなります。悲しいから泣いているのではありませんが、水が涙のように流れるから悲しい気持ちになるのです。

さらに、「気分が変わると、行動も変わるのか？」という実験をしてみました。実験参加者に、鏡に向かっていろいろなマフラーを着けさせて、そのときに表情をいろいろ変えるのです。すると、「笑っているときに着けたマフラーのほうが好き」と思ってしまうことがわかりました。「ものの好き嫌い」ということも、人工的に作られた表情によって影響を受けてしまうようです。

また、同様の装置を遠隔コミュニケーションシステムに使って、遠隔の人と会話をさせてみました。

遠隔会議をしながら、「いろいろなアイデアを出しましょう」と、アイデアを考えてもらっているときに、人工的に顔を笑顔にしてあげると、笑顔にしないときと比べて、たくさんのアイデアが出ました。

表情を笑顔に変えることによって、お互いがポジティブな関係になり、人と人との関係性においてもいい影響がみられているのだと思います。

このように、表情を人工的に変えることで、いろいろな効果が出てくることがわかっています。


次に、表情だけではなく、音声でも試してみました。

テレビ会議システムで、音声だけで会話をしながら、いろいろな交渉や、議論をする場面を実験したところ、低い声で、しかも少し大きな声になると、説得力が強くなることがわかりました。

そこで、「少々弱気な方の音声を、低く大きくしてあげると、説得力が増すのではないか?」と思い、実験をしてみました。結果は予想通り、低く大きな声にすると、説得力が増すことがわかりました。

これは本能だといわれています。動物が威嚇するときは、低い声になりますよね。このことは、発話者によって議論がアンバランスにならないように、使えるのではないかと思っています。

●「バーチャルリアリティ」と「テレプレゼンスロボット」

「自分は何なのだろう？　どんな人物なのだろう？」と考えたときに、自分を規定するものとして**身体的自己**である**「ミニマルセルフ」**と、**物語的自己**である**「ナラティブセルフ」**という、**2種類の自己**があるといわれています。

ミニマルセルフ（身体的自己）とは、「今、ここにいると感じる最小限の自己」のことです。ここにいる皆さんに、「今の自分を表してください」といえば、「ここで私（葛岡）の話を聞いている」と答えることができます。

次に、「あなたはこれまでどのようなことをしてきた方ですか？」と聞くと、「自分はこんな仕事をしてきました。このような性格の人間です」という表現ができます。これがナラティブセルフ（物語的自己）です。

このように2種類の表現方法があるのです。

このようなミニマルセルフ（身体的自己）と、ナラティブセルフ（物語的自己）が、お互いにどのような影響を与えているのかを、私の研究室で畑田先生が研究をしてきました。彼が注目したのは、大手町にある**ロボットカフェ**です。ここでは、障がいを持った方々が、遠隔でテレプレゼンスロボットを操作して接客をしています。

障がいを持った方でも就労ができる場を調査して、そうした方々が就労によって、「どのように自分自身を捉えるようになったか」というインタビュー調査をしました。

ロボットを操作する人のことを**パイロット**と呼びます。ロボットは、**OriHime**という名前です。

結論からいいますと、OriHimeを使って就労するまでは、次のように思っていたそうです。

「自分は何もできない。外に出ることができないし、うまく人とコミュニケーションもできない。こんな障がいを持った人生を送ってきているのだから、これから先も、未来に対する自分の展望は、今の状態の延長でしかない」

そのような**「ナラティブセルフ（物語的自己）」**でした。

ところが、ロボットを使って就労するという**「ミニマルセルフ（身体的自己）」**体験を繰り返すことで、次第に「自分自身」を獲得して、「このまま将来も、私は社会に貢献できるはずだ」という明るい展望を想像できるようになったそうです。

ただし、パイロットたちはみな同じ形をしたOriHimeロボットを使っています。ですから、どんな障がいを持った方も、同じ身体を持つことになります。

そこで**バーチャルリアリティ**も組み合わせて、ロボットを動かしているパイロットがバーチャルリアリティの空間で、全く違う姿になることができるようにしました。

すると、さらに自分に対する**展望**や、「自分はこれができるのだ」という**自己効力感**が拡張されていくこともわかりつつあります。

どのようにしてバーチャル空間に行くのかというと、テーブルを挟んだロボットの正面に大きなスクリーンがあって、ロボットの電源が切れると、パイロットがスクリーン内のバーチャルな空間の中に登場するという仕掛けにしました。

アルパカになった方もいますし、ある性同一性障がいの方は、身体的には女性でも男性の姿になって現れました。バーチャルな空間で、自分らしい、本来こうありたいと思う自分になることによって、「お客さんとうまくコミュニケーションができた」のだそうです。バーチャルリアリティ空間やロボットを利用して、自分の見た目や機能を拡張することで、気分も行動も変わってくるのです。

つまり、未来に対する展望も変わってくるということなのです。

次に、バーチャルリアリティ空間の中で、「他の人と一緒に行動することによって、やる気が出てくる」という例をお話しします。
やる気が出ることを**「内発的動機付け」**といいますが、その要因の一つに**Relatedness**があります。これは、「他の人と一緒にいられること」「一緒に何かできること」という意味だと思ってください。

とても簡単な実験をしました。

「バーチャルリアリティ空間に入ると、看板がたくさんありますので、お好きな看板の所に行ってくださ い。そこでは英単語の問題が表示されますから、その問題に解答してくださ い。1日何回でも、好きなだけチャレンジしてください。飽きたら自由に退出していただいて構いません」

ということを参加者に伝えておきます。

英単語の問題といっても、選択肢からその意味を選ぶ程度の簡単な問題です。空間の中には他の人もいて、他の人も同じように勉強しているのが見える場合と、自分しかいなくて1人で勉強している場合の2つのパターンがあります。

すると、他の人も見える場合のほうが、1人で勉強しているときよりも、2倍ぐらい長い時間勉強したのです。終わった後にテストをすると、長い時間勉強をしたことで、当然、成績がよくなります。

「他の人がいるだけで、やる気が出る」ということがわかりました。つまり、1人で仕事や勉強している場合でも、他の人をバーチャルで見せてあげると、やる気が出るということになります。

同じような実験をさらに重ねて、「バーチャルリアリティの中で、リハビリテーションをやらせてみよう」と考えました。

「四十肩」や「五十肩」を経験した方は多いと思います。つらいですよね。つらいので、リハビリの運動をしなくてはいけないのですが、これがつまらないのです。

1日、2日はがんばりますが、治るまで何カ月間も行うのはなかなか難しいです。

五十肩のリハビリの1つに、「雑巾掛け」という運動があります。雑巾掛けのような動作をして、肩の筋肉を伸ばしていくのですが、これがまたつまらないのです。

この動きを、バーチャルリアリティ空間の中で、「一緒に同じ動作をしている他の人が見える場合」と、「ずっと1人で行う場合」とを比較してみました。

さらに、バーチャルリアリティ空間の中で雑巾掛けの動作をすると、工具が研がれていく仕組みにしました。工具を研げば研ぐほど、どんどん建物が建っていくようなゲームにしたのです。

ゲームになっていない場合と比較すると、倍以上の長い時間、雑巾掛けの動作を行うようになりましたし、2人で行うことにすると、さらに倍ぐらいの時間行うようになりました。

このようにつまらない動作でも、ゲーム形式にして他の人と一緒に行うことで、継続する動機が高まることがわかりました。

ここまでをまとめますと、**表情**とか、**音声**とか、**抑揚**とか、**音声の高さ**といった、**社会的手がかり**は、実は**自在に操作できる**ことがわかりました。

また、「他の人が一緒にいるかどうか」で、**身体能力の拡張**や、**動機づけ**が可能になり、**ポジティブに自分を感じる**こともできます。

このように、社会的手がかりに注目することで、いろいろな可能性が広がることがわかってきました。

●雑談の効能

最後に、少しだけ**「雑談」**に関する研究のお話をします。

テレワークが広がったときに、企業に起こった問題に関する調査をした結果があるのですが、「職場の様子がわからない」とか、「社内の情報が確認しにくい」といった問題があることがわかりました。秋山先生の話にも同じようなデータがありましたが、こちらのデータでも、**「高齢の男性の方のほうが孤立してくる」**ということがわかっています。

コロナ禍のようなことが起こると、会社勤めの方はコミュニケーションをとりにくくなりますし、さらに高齢になると孤独感が増してきます。

孤独感に効果があるのが会話です。雑談をすることです。また、コロナ禍以前から、企業において、「複数で仕事をする場合に、効率を上げるためには雑談がとても重要だ」ということはわかっていました。

オフィスで働いているある2人の間の距離と、その2人が雑談をする確率を調査した人がいます。それによると、2、3メートルの距離ですと、頻繁に会話をするのですが、少し離れると雑談の比率が一気に下がって、あとはほぼ一定になってしまいました。

このことから、ちょっとした距離の違いが、雑談の発生にとても影響しているということがわかりました。

そこで、バーチャルリアリティや、遠隔通信の技術を使って、この「雑談」を支援することができないものかと考えました。

雑談を誘発するのに重要なのは、**「アウェアネス」**だといわれています。アウェアネスとは、「その人の存在に気がつく」とか、相手が「暇そうなのか」、それとも「忙しいのか」といったことに「気づく」ということです。

遠隔で離れていると、その人の状況がよくわかりません。

「相手のことを気づかせることはできないものか？」と考えました。

私が行ったとても古い研究があるのですが、

「オフィスが2つに分かれているときに、一つのオフィスに人が来たら、別のオフィスに置いた人形が動いて、人が来たことを知らせる」

というものでした。人が来たことに気がつけば、そこからコミュニケーションが開始できるのではないかと考えたのです。

例えば、私がオフィスに来ると、別のオフィスに置いた人形が動く。それを見た人が、「葛岡さんがいるなら、これからちょっと話をしよう」と思うわけです。

このようなことが、今でしたらとても簡単にできます。

少し違う例になりますが、「部屋にいるのかどうか」というデータを何週間も取っていくと、相手の生活リズムがわかるようになります。

「朝、何時頃に起きて、お昼を何時頃に食べて、何時頃に帰って、何時頃に寝るのか」といったことがわかると、「あの人はこんな生活パターンだから、ヒマなこの時間に話しかけてみよう」ということがわかってきます。

そんな仕組みもできるのではないかと考えました。

プライバシーの問題もありますから、どのような方に適用すればいいのかは難しい問題ですが、実はこの研究は、三菱電機と一緒に行っていて、「バーチャルリアリティの空間の中で、この仕組みを実装できないものか」とトライしているところです。

例えば、バーチャルリアリティの空間の中に「おやつ部屋」という空間を作って、そこではおやつについて話し合うことができるようにします。「バーチャルなおやつ部屋で、何とか雑談を誘発できないものか」と考えていますが、この程度の仕組みでは、なかなかうまくいかないこともわかってきましたので、引き続き研究を進めています。

テレプレゼンスロボットとか、バーチャルリアリティなどの技術を使えば、いろいろな**社会的手がかり**を効果的に支援してあげることができるよ

まとめ

- テレプレゼンスロボット
  - 退職後の熟練者が指導できる
  - 高齢者でも社会参加できる
- バーチャルリアリティ(メタバース)
  - 自信が持てる(自己効力感、自己肯定感)
  - 気分をコントロールできる
  - やる気が起きる(内発的動機づけ)
- 社会的手がかりの
  適切かつ効果的な支援が重要

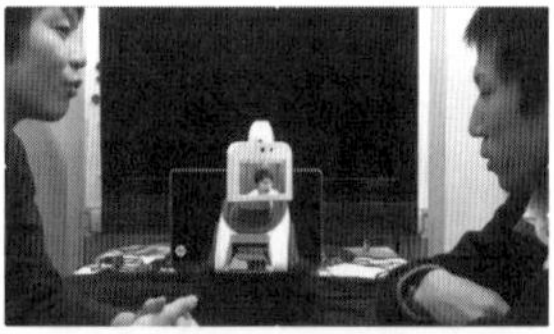

うになりました。

それによって、**コミュニケーション**の幅を広げることができますから、**高齢者でも社会参加**ができるチャンスになるのではないかと思っています。

特に、バーチャルリアリティに関しては、**「自分のやる気」**も変わってくる場合もありますから、若い気持ちを取り戻すこともできるのではないかと期待しています。

以上で話を終わりにしたいと思います。

本日はどうもありがとうございました。

質疑応答

質問者　「おやつ部屋」がうまくいかなかったのは、どのような理由からですか？

葛岡　そもそも、「バーチャルリアリティ空間に入る」という動機づけができませんでした。皆さん、LINEには入りますよね。その理由はすぐにできる手軽さだと思います。そこで、バーチャルリアリティで映像が出てくれれば、もっといいと思ったのですが、なかなかそうはいきませんでした。

そもそも、「雑談をするためにバーチャルリアリティ空間入る」というのが、間違いなのかもしれません。

「コーヒーラウンジでコーヒーを飲んでいたら、たまたま相手がいたので雑談した」というのが正解なのだと思います。

であれば、「コーヒーマシンでコーヒーを入れたら、遠隔とつながるようにしてみよう」と思って実験してみました。ところが、これもうまくいきませんでした。

「コーヒーを飲んでいるときに、勝手につながって話しかけられても困る」ということなのです。

お互いに、「話をしてもいい場所に行って、たまたま出会ったときに会話ができる」という空間を、うまくデザインしなければいけないのだと思います。

「高齢者と法律の関係」

武蔵野大学 法学部特任教授
樋口 範雄

「超高齢社会における課題」というものがありまして、**法律上の問題**も多種多様にあります。ところが、法律家の方は、そのような社会の変化や意識の変化に、必ずしもついていっているわけではありません。ですが、あたかも「私自身はついていっているよ」というかのように、私はこれからいろいろと申し上げたいと思います。

私が生きてきた経験といいますか、年限に縛られる部分はありますが、それらをできるだけ払拭して、「このような新しい考え方を持ったほうが、今後はいいのではないか?」「こちらのほうが面白いのではないか?」「面白いだけではなくて、一人ひとりの意味があるのではないか?」ということを、一緒になって考えていく授業を行ってみようと思います。

●高齢者と法律問題

私がいつ**「超高齢社会における課題」**の研究を始めたかというと、60歳になったときです。還暦になって、「何か新しいことを考えてみよう」と思っていました。そのときすでに、秋山弘子さんとは知り合いでしたが、秋山さんが私に無理強いをしたのです。

「高齢者の問題はいろいろあるけど、樋口さん、あなたは法学部にいるのでしょう? 法学部で、**「高齢者と法」**のようなことを、誰も研究していないみたいじゃないですか。あなた、やってみたらどうですか?」

秋山さんは、「やってみたらどうですか?」といったのですが、これはつまり「やれ!」という意味なのです。2014年のことです。

高齢者の問題、法律問題はいろいろありますので、最初の年はそれらをまず区分けをして、それぞれの分野の専門家の方に来ていただきました。

例えば、国交省の官僚の方で、「サービス付き高齢者向け住宅」を造っている方に来ていただいたこともありました（造っているといっても、補助金を与えているだけですが）。その担当者に来ていただいて、「本当に**サ高住**（サービス付き高齢者向け住宅）は大丈夫なのですか?」という話を、皆さんの前でしてもらいました。

そんな講座を13コマやっていただいて、その講座をすべて録画録音しました。「次の年から、私がその内容の通りに皆さんの前で話せばいいだろう」と考えたのですが、なかなかうまくいきませんでした。

でも、次の年からは、「自分1人で、このようなものを資料にして、学びながらやってみよう」と考えたのです。

ところで、私の専門は**「アメリカ法」**です。**「英米法第1講座」**などという教授をやってきましたので、アメリカ人の知り合いが数人います。

「私は60歳になったので、日本で**高齢者法**という授業を始めることにしました」と知り合いのアメリカ人にいいました。アメリカでは一般的に、高齢者のことを「オールダー・パーソンズ」といいますが、「エルダー」という言葉もあり、高齢者法は、**「エル**

ダー・ロー」といいます。

「そんな授業を日本でやることにした！」と誇らしくいいましたら、そのアメリカ人にいわれました。

「範雄、あんたは遅い。私は30年も前からエルダー・ローを教えているよ」

この会話をしたのが10年ほど前ですから、今から40年以上も前に、アメリカではエルダー・ローを教えていた大学があったことになります。

アメリカでも当時はまだまだ少数派だったと思いますが、現在、アメリカで弁護士を養成する、日本の法学部に当たる**「ロー・スクール」**は、全米で２００校以上はあって、そのうちの１００校以上で「エルダー・ロー」という授業を行っているようです。

ところが、日本では、高齢者法を研究している人は3、４人しかいません。ですから、たとえ出来が悪くても、私は4位にはなれるわけです。つまり、私は「ベスト10」どころか、確実に「ベスト5」に入ることができるのです。

現在、アメリカでは高齢化率が約15パーセントです。ところが日本は、２０２３年の9月で、30パーセントほどになっています。つまり、アメリカの高齢化率は、日本の半分しかないのです。知り合いのアメリカ人が、エルダー・ローの研究を始めた40年前は、もっとずっとパーセントが少なかったはずです。

「先見の明」といいますか、「目の付け所がうまいな」と思いました。

すべてにおいてアメリカのマネをしていいかどうかは、場合によると思いますが、この件に関しては学ぶべきところがあると思いました。

私自身は、アメリカで40～50年にわたって、日本にとって意味があると思えることを勉強してきました。「日本もこんなことを考えたらどうだろう?」といった話を、ずっと続けてきたのですが、このときは逆に、

「日本には高齢者法というものがあるが、アメリカでも研究したらどうか?」

と偉そうにもアメリカ人の知り合いに話したところ、

「そんなものは、アメリカではずっと前からあるよ」

といわれてしまった、というお話でした。

このような経験も含めて、私がこの10年間で勉強した**「高齢者法のエッセンス」**のよう

なものを、皆さんにお伝えしたいと思います。

●アメリカのリーガルサービス

まず、日本の法律家や法律の学者が、**「高齢者と法」**というものに、まだまだ注目していないという問題があります。日本には高齢者がたくさんおりますが、「その高齢者すべてが**裁判を経験**して、裁判所に行くか」というと、そんなことはありません。多くの人は裁判を経験しないまま、人生が終わると思います。

日本では裁判や紛争になると、「弁護士さんにお願いをして裁判所で裁判をする」という形になりますが、アメリカでは弁護士が135万人もいますから、「裁判や紛争になる前に、リーガルサービスを利用する」という形になります。時々、悪いヤツもいるようですが、いちおう専門家ですから、それなりに頼りになります。

また、このとき弁護士には、いくらかのお金を支払うのですが、金額以上の働きはしてくれます。このとき**「裁判の事前に仕事をする」**という、この「事前」ということが大きなキーワードになります。ここが日本とアメリカの大きな違いです。「事前」ということは、いろいろなことが想定できます。需要もマーケットも広がりますから、リーガルサービスの範囲が広がるのです。

日本では、弁護士事務所へ行くのは「誰かに訴えられたから」とか、「自分が誰かを訴えたいから」という場合だと思いますが、ごく限られた人生で、そのような状況はなかなか起こりません。ですから、日本には弁護士が4万人ほどしかいないのです。

その人数でなんとか済んでいるということもありますが、弁護士に類似したような仕事がたくさんあります。**司法書士**や、**行政書士**、**税理士**などの専門家がたくさんいるというのが日本なのです。

日本の高齢社会の問題点

現在の日本の高齢社会で、とりわけ大変な問題の一つが**認知症**です。

私の母親も、認知症で亡くなりました。**サクセスフル・エイジング**だったかというと、全然ダメだったと思います。私にはその対処方がわかりませんでしたが、すでにアメリカでは、対処する方法があるらしいのです。

現在、老人が100歳になっただけでは、お祝いしてくれない時代になりました。少し前には、「金さん」と「銀さん」という、双子の100歳を超えたお婆さんがいて、大騒ぎをしていましたが、最近では100歳を超えることが当たり前の時代になりました。まさに**「100歳時代」**。これは今まで誰も経験したことのない時代なわけです。

私の父親は55歳で定年になりました。その時代は55歳が定年だったのです。定年の後、71歳で亡くなりました。今ですと「71歳で亡くなるのは若い」と思いますが、その時代はそんなものだと思っていました。

つまり、私がそれほど長く生きているわけでもないのに、社会の認識がずいぶん変わっているのです。社会がそのような状況なのに、法律が変わらないわけがありません。

法律の代表は、**「刑法」「民法」「憲法」**です。憲法はともかく、民法と刑法は、その根幹は１００年前のものです。それが現在も変わっていないのです。

法律をどんどん改正していけるといいのですが、そうもいきません。そうすると、必要なものは**想像力**になります。世界のトップを走っている高齢化社会にふさわしいような法律を、自分たちで考える必要があるのです。

「国会に任せておけばいい」という方もいます。もちろん、任せておいていい部分もあるのですが、私自身、この10年間で、「今までのものを考え直す必要がある」と、思うようになりました。その思いついたお話をさせていただきます。

延びた寿命をどうするのか

高齢化社会について、学問のほうではすべて分類化しています。例えば、経済学部の駒村先生という方が、**「金融ジェロントロジー（老年学）」**や**「金融資産」**など、「高齢者が金融についてどう扱えばいいか」ということを教えてくれます。また、工学部で、「メタバース」や「ロボット」とかを研究している方が、高齢者の役に立つ研究をするようになりました。

アメリカでは、1960～1970年代からエルダー・ローだけではなく、このような**ジェロントロジーの研究**が行われていました。

そんな波の中へ、秋山さんは飛び込んでいったわけです。そして、ジェロントロジーの第一人者になって、日本に帰ってきたのです。

秋山さんの話では、当初は、「どのようにしたら寿命を延ばせるだろうか」ということが、一番大きな問題だったようです。ですから、「細胞はどうやって老化するのか」とか、逆に、「老化に反抗するような細胞があるのか」とか、「どのような栄養がいいのか」など、**生理学**や**医学**がジェロントロジーの中心だったそうです。

そして、次第に寿命が延びるようになってくると、今度は、**「延びた寿命の中身をどうするのか」**ということが、現代の悩ましい問題になっているのです。

「延びた寿命を幸せに変えましょう」という話です。

「せっかく寿命に恵まれているのだから、**セカンドライフ**をどうやって送ろう?」ということを考えますと、生理科学や医学だけでは問題は解決しません。**経済学**的な話もあれば、**心理学**的な話もありますし、学ぶことを考えますと**教育学**的な話もあるかもしれません。ジェロントロジーの一分野だと考えれば、**法律学**的なことも含まれると思います。

長生きができるようになったら、どのように生きるのか。それを支援するような、応援するような「法を作ること」が大切になります。

そして、それにはまず、皆さんが意識を変えなければなりません。

秋山さんのように活動的に生きるのは、私のように腰の痛い人間にはむずかしいことですが、「自分はもうこの年だから……」と、すぐにあきらめてはいけないのです。

本日、菅原育子さんは、別の教室で『**老年幸福学**』という話をされました。まさにサクセスフル・エイジングです。前野隆司先生と一緒に、『**「老年幸福学」研究が教える60歳か**

ら幸せが続く人の共通点』[1]という本を出されていて、小さな新書ですが、とても読みやすい本です。彼女は社会心理学の研究者ですから、きちんとデータを取って、そのデータを基に「60歳以上の幸せ」を解説しています。

この本では、「あなたは幸せですか？」というデータを取るところから始まりますが、それぞれ主観的な問題ですから、病気をしていても幸せな人もいるわけです。そこで、「どんな要因があって幸せだと感じているのか？」といったように、どんどん深掘りをしています。

すると、「このような幸せを感じている人たちは、このような要素や、このような要素がある」という理由がわかるのです。

菅原さんは、「特に男の人は、なんらかの形で人とのつながりを持つことが大切です。1人でこもってはいけません」とおっしゃっておりますが、その理由がこの本の中では数字を基に説明されています。

また、『**しあわせの高齢者学**』[2]という本もあります。

この本は、昨年の『**古稀式**』の講演等を中心にして、一冊にまとめたものです。私の話も紹介されていて、自分でいうのもなんですが、なかなか評判もよく、それなりに意味のある本だと思います。

それから、私の友達で、医者で弁護士の児玉安司さんが書いた、**『医療と介護の法律入門』**(3)、という本もオススメです。法律家の目で、「医療と看護について、今、何が問題になっていて、一番重要なことはどんなことか」ということが、わかりやすく書かれています。

「アドバンス・ケア・プランニング」とは?

これから、**「事前の備えの重要性」**をさせていただこうと思います。

まず、事前の備えについてですが、**「アドバンス・ケア・プランニング」**という言葉があります。「アドバンス」と、「ケア」と、「プランニング」という3つの単語からできている言葉で、医療関係者はそれぞれの頭文字をとって、**「ACP」**と呼んでいます。

2018年の厚生労働省の検討会の報告書で、「今後はアドバンス・ケア・プランニングが重要だ」といわれました。

「プライバシー」とか、**「インフォームドコンセント」**という言葉は、ほぼ日本語のようになっていて、一般の方も聞いたことがあるかもしれません。ところが、「アドバンス・ケア・プランニング」という言葉は、あまり馴染みがないので、「日本語の愛称をつけましょう」ということになりました。

そこで厚労省のお役人たちが公募をして決定したのが、**「人生会議」**という愛称です。「アドバンス・ケア・プランニング」の直訳というわけではありませんが、「人生会議」という愛称を、厚労省は一生懸命、宣伝しています。皆さんは聞いたことがありますか？

以前、30人ほどのシンポジウムで、「『人生会議』という言葉を聞いたことがありますか？」と尋ねたところ、聞いたことがある方は1人もいらっしゃいませんでした。

その結果に厚労省の方はショックを受けたようです。

「人生会議」という愛称がいいのかどうか、私には何ともいえません。なかなか難しい問題だと思います。

この「アドバンス・ケア・プランニング」の「アドバンス」というのは、「事前の」という意味になります。そして「ケア」の「プランニング」ですが、この「ケア」は「医療」と「介護」の2つの意味を含みます。

皆さんも将来的にこのケアを受けることになると思いますが、そのときにどのようなケアを受けたいでしょうか。

重要な「アドバンス・ライフ・プランニング」

日本では**「介護保険制度」**を始めましたが、これは実は**世界に冠《かん》たる制度**です。もしかすると、社会主義国や、社会保障で有名な北欧の諸国では、同じような制度があるのかもしれませんが、アメリカではそのような制度はありません。知り合いのアメリカ人は、「日本が本当にうらやましい」といっていました。

私は、日本の介護保険制度がどこまで長続きできるのかは、一つの課題だと思っています。

介護を受けるときに、「どのようなメニュー（内容）があって、どんな手助けをしてくれるのか」は、皆さん、知っておいたほうがいいと思います。

例えば、自分の親が介護を受けるときには、そのことが問題になります。介護の内容を知っているものとして、契約書にサインさせられるのです。

つまり、これも「事前に学んでおく必要がある」ということです。自分のためにもなるし、家族のためにもなります。

「医療と介護のプランニングを、事前にやっておきましょう」と、厚生労働省が一生懸命にいっているのは、悪意があるわけではないと思っていますが、実は医療だけの話ではありません。生きるためにはお金もかかります。

介護などの**医療の話**と、財産関係や経済などの**お金の話**は**両輪**なのです。

このことからも、**「アドバンス・ライフ・プランニング」**ということが、もっと重要になるかもしれません。「ケア」だけではなく、「ライフ」として考えるのです。

●認知症の方を守る「認知症基本法」

認知症は英語で「Dementia」といいますが、認知症になれば、財産の処理は一切できなくなります。もし、**後見制度**などということになれば、「あなたは自分のお金の管理をしてはいけない」ということになります。

2030年には、5人のうち1人の方が認知症になるといわれています。高齢者の数が3600万人になったときに、730万人は認知症になるだろうといわれているわけです。

高齢者は、持ち家などの**不動産**だけではなく、**金融資産**も持っています。それが日本経済的に見ると、214兆円あるといわれています。つまり、214兆円というお金が、使えなくなる可能性があるということです。

これは経済的な意味で考えると、全く無駄なことだと思います。あるのに使えないのは、「ゼロ」と同じです。その214兆円をどんどん活用できるような仕組みを作るべきなのです。

私が勉強しているアメリカ法では、認知症になった場合も、亡くなった場合も、弁護士さんの力を借りて、あらかじめ備えておくことができます。このとき、裁判所に行く必要はありません。裁判所に行くには時間も費用もかかりますが、その必要はありません。

日本でもこのような法律を考えてもいいと思います。これまでは、法律ができてから、その法律を頼りにしていました。ところが、それではのんびりしすぎなのです。

2023年の6月に、日本の国会で**認知症に関する基本法**ができたのはご存じでしたか?

大きなニュースにならなかったために、私もよく知りませんでした。先日、この話を聞いて、「えっ! そんなものができていたのですか!」と驚いたほどです。

「認知症基本法」とは、「認知症は大きな問題だ」ということに気がついて、遅ればせながら、初めてできた法律です。

その内容は、「認知症の方、およびその家族の意向を尊重して、認知症の人たちをなんらかの形で守っていくようなことをしなければいけない」ということです。

その中には**認知症に効果のある薬の研究**なども含まれます。先日、一つの薬が承認されましたが、まだまだ十分ではありません。

医療の進歩は本当にすごいと思います。もしかすると、30年後や40年後には、「昔は認知症程度のことで騒いでいたよね」などという話になるかもしれません。

後ほど**「がん対策基本法」**をご説明いたしますが、現在、治るがんが増えたことで、医者は平気で患者に告知するようになっています。

それがこの20年間の医学の進歩です。20年でそれほど進歩するのですから、認知症も20年先には治療が可能になっているかもしれません。

進んでいく法律

日本では、法律というと、「何かを罰すること」と考えられることが多く、あまりいいイメージが持たれていません。

例えば、医者と法律家は仲が悪いといわれています。医者にとって、法律家に関わるのは訴えられたときです。嫌な状況のときに法律家が出てきます。

加害者になった場合も、被害者になった場合も、好ましい状況ではありません。

ですから、「できるだけ関係を持ちたくないものが法律」と思われているのですが、**「認知症基本法」**や**「がん対策基本法」**のような法律もあるのです。

このような法律は、「悪くなる事態をできるだけ防ごう」「事前にできるだけお金（予算）をつけて、対抗できるようにしよう」という法律です。

がん対策基本法とは、有名な国会議員ががんになった際に、「自分ががんで死ぬ前にこの法律を作りたい」という信念からできた法律です。もちろん、その議員1人だけの力でできた法律ではありませんが、その法律のおかげで「がん対策」に、多くの予算がつくようになりました。

また、**国家レベルでがんの登録制度**を作るようになったために、「現在、がんはどのような状況にあるのか」「このがんはまだまだ大丈夫」「このがんは危ないがんだ」ということがわかるようになったのです。

がんの場合と同様に、認知症の法律も、どんどん進んでいくことが予想されます。

民法と責任能力

認知症にはいろいろな病状があります。

私の母も認知症でした。徘徊はしませんでしたが、被害妄想がありました。

私は、「お母さん、何をいっているの！　しっかりしてよ！」と怒鳴ったことがあるのですが、怒鳴られるとかえって脅《おび》えてしまい、どんどん状態が悪くなりました。

今では本当に後悔しています。皆さんには、「私と同じような間違いはしないでください」とお伝えしたいです。


これまでは、家族が認知症になる経験をする人たちが、少数派だったかもしれません。

ところが、どなたにも父方と母方を合わせて、４人のおじいちゃんとおばあちゃんがいると思います。「５人に１人が認知症になる」ということになりますと、４と５はニアリーイコールですから、ほとんどの家族に認知症の方がいることになります。

「もしかしたら認知症になるのは、自分かもしれない」と考えなければいけない時代だということです。また、「認知症の人と一緒に生きていく社会になった」ということも考えなければいけません。

「どうせ認知症は他人の問題だろう」とは絶対にいえない時代であることを、自覚する必要があるのです。


超高齢社会の日本で、認知症患者が増えてくると、それに伴う事故や事件が増えてきます。

例えば、2007年に、**「JR東海事件」**というものが起こりました。この事件は最高裁までいきましたので、法学部的にもなかなか興味深い事件でした。

一審、二審、三審で、裁判官がいっていることがすべて異なったのです。

今の学生たちにとって、2007年は遠い昔の事件ですから、知らない人も多いようですが、「『裁判官はみんな同じことをいう』と思ってはいけない」という、いい例でした。

「裁判官は法律を理解しているはずだから、誰でも必ず同じ答えになるはずだ」と思っている法学部の学生がいますが、実は全く違うのです。

今から16年前に、愛知県の名古屋の郊外で、Aさんという91歳の認知症のおじいちゃんが、ホームから線路に降りて電車にはねられて亡くなったという、気の毒な事件でした。事故の結果、電車が2時間から3時間遅れたために、JR東海は、代替バスや切符の払い戻しなど、「金銭的な損害が700万円」も出たのだそうです。そこで、弁護士事務所に相談したのだと思いますが、JR東海はその700万円を「損害賠償しよう」と考えました。

ご存じないかもしれませんが、JR東海はとてもお金を持っています。新幹線で「東京～大阪間」を独占していますから。

JR東海にとって700万円など、私の場合でいうところの70円ほどだと思うのですが、とにかく、「700万円を請求しよう」と思ったらしく、最高裁まで争いました、

その根拠となる法律が、「民法713条」というものです。法学部出身の方以外は、ご

存じないと思いますが、『精神上の障がいにより自己の行為の責任を弁識する能力を欠く状態にある』という法律です。

これは簡単にいうと、認知症の方を指していて、「合理的な判断ができない人については、その賠償の責任を問わない」ということです。

ですから、この件に関して日本の民法では、「91歳のおじいちゃんに責任はない」ということになります。

ところが、「民法713条」では、ＪＲ東海はおじいちゃんを訴えることはできないはずですが、その次に714条というものがあるのです。

「責任無能力者が責任能力がないため不法行為責任を負わない場合、責任無能力者を監督する法定の義務を負う者が、その責任無能力者が第三者に加えた損害を賠償する責任を負う」

簡単にいうと、「『責任無能力者』（認知症の人）を『監督する法定の義務を負う者』（家族）が、責任を負わなければならない」というのです。

「但し書き」として、「その家族がきちんといろいろな注意を払っている場合はのぞく」

とあるのですが、この「但し書き」を適用した例は今までにありません。

ＪＲ東海は、「本人に責任がないなら、家族に責任を負わせてやろう」と考えたのです。そして、日本の法律学者はみなその考えに賛成でした。

その理由として、「被害者は救済されるべきだ」という考え方があります。今回のケースは、「たとえ加害者が認知症であっても、明らかに被害者がいるのだから」と考えたのです。

つまり、「家族も加害者である」というレッテルを貼られたことになるのです。

「民法７１３条」では、実は未成年者の問題もあります。日本の場合は、**「小学生までは責任を負わなくてもいい」**ことになっています。

「未成年者とは12歳まで」と条文には書いていませんが、これまでの判例や学説から、そのように考えられてきました。

ですから、小学生が石を使って窓ガラスを割っても、民法上は責任を問われません。ところが、７１４条によって、「家族・親は責任を負わなければならない」ということになります。

これまでは例外なく、このように解釈されてきました。そしてこの解釈が、ＪＲ東海の事件でも用いられたわけです。

名古屋地裁では、「ＪＲ東海が被害者として訴えたのだから、ＪＲ東海の勝ち」という判決でした。

訴えられたのは、亡くなったおじいちゃんの妻である85歳のおばあちゃんと、53歳の長男でした。「家族だから」という理由で、「この2人に連帯責任がある」としたのです。

「これまでの判例からすると当然だ」と、裁判官は自信を持って判決を下したのでしょう。

ところがこの判決は、世の中的にとても評判が悪かったのです。

認知症の方を抱えた家族や、関連団体から、「認知症のおじいちゃんが、故意にやったわけではない」「はねられて亡くなっているのに、その家族に全責任があるのはやりきれない」「裁判官、非常識じゃない？」という意見や反論がたくさん出ました。

その影響があったのかどうかわかりませんが、第二審の名古屋高裁は、請求金額が半分になりました。

長男は、毎月1、2度、自分が住んでいる横浜から名古屋に行って、おじいちゃんとおばあちゃんの面倒を見ていた、とても立派な長男でした。

「そんな長男に責任はないだろう」ということになったのですが、「一緒に住んでいる配偶者には責任がある」として、おばあちゃんの責任を認めました。

そのおばあちゃんにも「要介護度」があったのですが、「配偶者に責任あり」とした上で、「おじいちゃんがホームから降りたのは、制止するべき駅員がいなかったからである。安全配慮義務が駅にはあるはずだ」として、「JR東海側も半分悪い」ということで、「配偶者は（半分の）360万円を払いなさい」という判決になりました。

「けんか両成敗」ということです。

ところが、最高裁では、「家族には何の責任もない」という判決でした。これには、日本の法律家も、他の裁判官も驚きました。これまでの判例では、なんらかの形で家族に責任を問うのが当然だったのに、最高裁はいろいろな理屈をつけて、「今件については、家族のほうが気の毒だ」としたのです。

「今回とは別のケースもありうる」「場合によっては、総合的判断が必要だ」とは付け加えましたが、結論としては、「責任なし」ということでした。

このように裁判官によって、3つの異なる判決となりました。一番偉いのは最高裁ですから、「最高裁の判決が一番重い」ということになりますが、ここで困ったのが、法律家たちです。今まで自分たちが「常識だ」と思っていたことが覆されたのですから。

それからは、同じような事故があったときに、必ずしも「家族に責任がある」ということにはならなくなりました。

認知症の場合ほど多くはありませんが、**「監督責任」**の判例学説では、精神障がい者の場合があります。

精神障がい者に関する法律では、昔から**「精神保健福祉法」**というものがありました。

その法律は、「精神障がい者を抱えた家族は、誰かが保護者になって監督責任を負う」という条文が入っていました。

ところが、精神障がい者の家族団体が、「いや、そんなことはとてもできない」とずっと訴えてきたのがやっと通って、２０１４年に、「保護者という制度をやめましょう」ということになりました。監督責任者が存在しないことは、民法にも反映しますから、この先、認知症の場合も同様になるかもしれません。

「保護者＝監督責任者ではない」ということで、「認知症患者が事故を起こしたときに、家族の責任は問えない」という流れに変わりつつあります。

結局、世の中が変わってきたということだと思います。

昔は被害者のほうが少数者でした。「まさか自分たちが加害者になることはないだろう」と考えていたのです。「加害者になるヤツはとんでもないヤツだ」「被害者は救済しないといけない」という考え方でした。

「被害者救済」というと、とてもカッコイイのですが、つまりは「加害者の責任追及」になります。「たとえ家族であっても、加害者ならば責任を追及しろ！」ということが常識でした。

ところが、「被害者救済＝責任追及」が法の正義だと思ってきたことが、変わりつつあるということです。その一番大きな理由として、「周りに認知症患者がたくさんいる」ということかもしれません。

「2人に1人認知症の人がいる」という時代になれば、「認知症の人がいる家族に、すべての責任を負わせる」というのは無理があります。他の工夫があってしかるべきだと思います。

●「自分で備える」という考え方

生きている限り、「不運のために事故に遭う」ということはあると思います。一番多いのはいろいろな災害でしょう。

例えば、雷に遭ったとします。その場合、雷を落とした雷さまを訴える人はいないはずです。あきらめるしかありません。

また、「その人が亡くなったら大変だ」という場合は、生命保険や傷害保険などの保険に入ると思います。

「自分で備える」のです。

「認知症患者が何か事故を起こしたら、家族が大変なことになる。だから、**認知症保険**にどんどん入りましょう!」というのが、日本の保険会社のやり方ですが、何かトラブルがあっても、保険会社はすぐには保険金を支払いません。

「あなたのほうにも何か問題があったんじゃないですか?」などという話になって、いちいち面倒なことになります。

ですから、**賠償責任保険**と、第一当事者保険といわれる**生命保険**が必要になります。

このように、法律論としては、「自分で保険に入らざるを得ない」という話になります。

先ほど申し上げましたが、小学生が事故を起こした場合には、小学生は責任を負う必要はありませんが、日本では戦後から、「家族は責任を負わなければならない」という方針でした。

ところが、２０１４年に、ある小学校でサッカーの練習をしていた小学生（11歳11カ月）の蹴ったボールが、校庭をはるかに越えて、道路にまで飛んでいきました。その道路に、バイクに乗った、80歳を超えたおじいちゃんがやってきたのです。

驚いたおじいちゃんは、急ブレーキをかけて転倒して、大ケガをしてしまったのですが、そのケガが原因で、おじいちゃんは亡くなってしまいました。

11歳の子どもを訴えてもしょうがありませんから、遺族はその家族を訴えました。

これまでの日本法の常識では、当然、「親に責任あり」ということになりましたが、最終的に「親の責任はなし」ということになりました。

これは**「サッカーボール事件最高裁判決」**として、法律家の間には有名な事件になりました。

バイクに乗っていた80歳のおじいちゃんは、相手にケガをさせた場合でも、自分が自損事故で死んでしまった場合でも、支払われる**バイク保険**に入っていたはずです。「その保険金で十分ではないか」ということなのです。

小学生は、ただ普通にサッカーの練習をしていただけです。「責任追及をしろ！」という人たちは、親に責任追及ができないとなると、「学校が悪い！」「ボールが飛び出ないようにフェンスを高く張っておくべきだ！」などと、今度は学校を訴えようとします。すると学校は、「サッカーを禁止する」という流れになります。

これでは、どんどん社会の活動が小さくなってしまいます。「責任追及をしているほうが常に正義派」で、「我こそ正義！　おまえが悪！」という考え方が、従来の法律家的な考え方でした。ところが、「本当にそうでしょうか?」という流れになってきたのです。

●「成年後見制度」の問題点

私は、「**成年後見制度**は非常識だ」と思っています。

認知症になると、それまであった能力が衰えてしまうので、**財産管理**も、自身の**医療上の決定**もできなくなります。

例えば、医者が認知症の方に、「あなたにはこの手術が必要です。このようなリスクもありますが、手術をしてもいいですよね？」といわれると、本人はパニックになってしまい、手術の了解の署名もできません。

その方に身寄りがない場合には、本人に署名をしてもらわないことには、先には進むことはできませんが、成年後見制度があれば、「成年後見人に聞いてみよう」ということになります。ところが、今の日本の法律では、成年後見人には医療上の決定権は認められていないのです。世界中で認められていない国は日本だけです。

成年後見制度を作るのであれば、医療上の決定権も成年後見人に与えるべきでしょう。

２０００年に始まった日本の成年後見制度は、今のところ財産管理だけで、医療上の決定はできません。

「医療上の決定は、家族が考えればいい」ということなのでしょうが、当時は家族のいない人がどんどん増えてくることは想像できなかったようです。

成年後見制度は、「財産を管理する」とされていて、現在、成年後見人は25万人ほどいます。開始から23年たって25万人ということは、１年間に約１万人ずつ増えているということです。それをもっと広めようとしているのですが、すでに７３０万人の認知症の予備軍がいるのです。現在、25万人ということは、少なくてもあと７００万人は必要だということになります。

「１年に１万人ずつ増えている」ということは、７３０万人をフォローするためには、あと７００年もかかるということです。この制度には無理があるのです。

当初は、「家族の誰かが後見人になる」というのが原則でしたが、家族の中で、「自分が後見人になる！」ということで争いが起こりました。

「立派な家族でいいですね」と思うかもしれませんが、実は、「後見人になると、家の全財産はすべて自分のものになるから」というのがその理由なのです。

家族内では決着がつかなかったために、「司法書士や、弁護士にお願いしよう」ということになったのですが、今度はその司法書士や弁護士の中に、財産を使い込むヤツが出てきたのです。

「使い込みをした司法書士や弁護士を選んだのは、家庭裁判所の裁判官じゃないか！」ということになって、「家庭裁判所を日本の裁判所で訴える」という事件がありました。裁判所を裁判所が訴えることを認めたのです。訴訟大国のアメリカ人もびっくりです。

家庭裁判所もこれには閉口して、結局、後見人は再度、家族から選ぶことになりました。

家族がいればまだ何とかなるかもしれませんが、現在、家族のいない人が増えていますから、今後、この後見制度がうまくいくかどうかは誰にもわかりません。

他の国では、**「成年後見制度」**を**「ラストリゾート」**といいます。ラストリゾートとは**「最後の行楽地」**という意味ではなく、**「最後の手段」**という意味です。「最後の手段」に頼るような人たちは、全体から見るとごく少数ですから、「裁判所に行かないで何とか解決しよう」としているのが、現在の世界の大勢です。

日本はなぜそのような形をとれないのでしょうか。

「７００万人の認知症高齢者に後見人をつける」ということは、実際には無理な話ですから、他の制度を考える必要があります。

アメリカでは、弁護士事務所で後見人として信頼できる人を紹介してもらいます。信頼できる人であれば、弁護士でも、司法書士でも、誰でもいいのです。

代理権委任状というのを弁護士さんが作っておけば、法律上有効なものになりますから、何かトラブルがあっても裁判所へ行かなくても済みます。**代理権委任状**を作成する程度でしたら、それほど高い金額にはなりません。

また、自分が亡くなったときのために、**生命保険**に入っている人は多いと思いますが、例えば、私が保険金の受取人として息子を指定していたとします。

ある日、私が亡くなったとすると、息子はその保険金を受け取ることができます。

アメリカやイギリスでは、その流れが銀行でもできるのです。銀行に、「私が死んだときは、私の銀行口座の預金者は息子にします。息子が受取人です」と伝えておけば、私が亡くなった次の日には、息子は私の口座をそのまま引き継ぐことができるのです。証券口座も同様です。

不動産も、不動産登記証書に「次はこの人が所有者です」と書いておけば、それで済むような、アメリカやイギリスは、とても簡単な制度にしたのです。

そのような便利なスタイルになったのは、ここ30～50年くらいだと思いますが、それがアメリカの**リーガルサービス**なのです。

日本では、相続で争いになれば、いろいろと面倒なことになります。

これまでは、亡くなった方の銀行口座から、家族がお金を引き出そうとしても、なかなか手間がかかりました。そこで、「とりあえず150万円までは簡単に下ろせる」というように法律を改正したのですが、生命保険で受取人を決めるように、銀行も同様にすればいいと思います。

高齢社会になるにつれて、どんどん人は亡くなっていきます。たとえ寿命が延びても、亡くなる方の数は増えるのです。つまり、相続の問題で悩む人が増えていくのはわかっているのですから、**「新たな時代の相続」**を考える必要があるのではないでしょうか。

●「終末期医療」の重要性

「終末期医療」と**「法」**について、すでに転機がありました。

20年前までは、医者は**がん告知**を簡単には行いませんでした。ところが、今は末期がんでも平気で告知を行います。私の知り合いも、「末期がんです。第4期です」といわれたそうですが、これはがんの治る可能性が以前よりも高くなったからです。

人工呼吸器の中止についても、２００6年までは警察が法的に介入していました。人工呼吸器を外すときには、「もう回復はできない」ということを家族も納得した上で、外したのです。場合によっては、倫理委員会にかけるほど慎重に行ったこともありました。

ところが、今はそのようなことはありません。

これまでは、「このようなことは警察が調べなければいけない」と思い込んでいましたが、法律的な論点がどんどん出てくるようになったために、「それはやり過ぎだ」「誰も喜んでいない」ということが、警察も、検察も、身に染みてわかるようになったのです。

「医者が1人で勝手に決める」という話ではなく、**「いい看取《みと》り」**につながるような、「緩和ケアのほうが重要だ」と変わってきたのです。

「もっと重要な終末期医療を、本当の意味でどのようにして迎えていくのか？」ということのほうが重要だということになりました。

アドバンス・ケア・プランニングが大切なのです。

これまでご説明したような**事前のサービス**について考え、なんらかの形でアドバイスを得て、自分の生き死にも含めて決めていくような、**セカンドライフ**の在り方を考えていかなければなりません。

変わりつつある法律

長野県の特別養護老人ホームで起こった、「ドーナツ事件」という事件があります。ドーナツがノドに詰まった状態で、救急車で運ばれた老人が、結果的に亡くなってしまいました。そしてドーナツを与えた准看護師が、施設の職員を起訴したのです。「業務上過失致死だ」というのが、従来の法律家の考え方です。一審は、罰金20万円の有罪でしたが、20万円の罰金で、「おまえが前科者だ！」と決めつけることに、何か意味があるのでしょうか？

検察も、警察も大得意でしたが、東京高裁でひっくり返りました。無罪になったのです。無罪にはなりましたが、このような事件が起こると、「老人ホームではドーナツを食べさせてはいけない」ということになり、「全部ゼリーにしろ！」ということになります。それが本当にお年寄りたちの幸せになるのでしょうか？

幸せになるための**高齢者学**、**高齢者法**的に考えると、「厳罰主義で正義が実現した」と考えることはできないと思います。

「そんな法律はおかしい」と、全国の介護施設や、いろいろな団体が声を上げたことで、東京高裁で無罪判決が出たのだと思います。社会の動きに応じて、**法律もどんどん変わっている**のです。

困ったことをお互いに助け合って生きることができる社会を、一緒につくっていくことが大切なのです。

「法律はいいところもあるじゃないか」といわれるように、法学部での教育も含めて、いろいろと変わっていってほしいと思っています。

お話ししたいことはいくらでもあります。ぜひ、また機会があればと思っています。

一期一会かもしれませんが、今日は本当にありがとうございました。

【注】

(1)『「老年幸福学」研究が教える60歳から幸せが続く人の共通点』前野隆司、菅原育子（青春出版社、２０２３年）
(2)『しあわせの高齢者学「古稀式」という試み』樋口恵子、秋山弘子他（弘文堂、２０２３年）
(3)『医療と介護の法律入門』児玉安司（岩波書店、２０２０年）

第3部 法学研究所シンポジウム

高齢者法のカリキュラムと実務家教員の活躍の可能性

—これからの『高齢者法学』の確立を目指して—

「高齢者法のカリキュラムと実務家教員の活躍の可能性
──これからの『高齢者法学』の確立を目指して──」

金　ただ今より、本日のシンポジウム、『高齢者法のカリキュラムと実務家教員の活躍の可能性』を開始いたします。開会にあたりまして、まずは本シンポジウムの実施責任者でいらっしゃいます、本学特任教授の樋口範雄先生より一言を頂戴したく存じます。樋口先生、よろしくお願いいたします。

樋口　樋口と申します。一言だけ、きょうのスケジュールというのを確認しておこうと思います。そこにありますように、今回は、われわれは超高齢社会に生きているわけですが、その中で高齢者学とか、高齢者法といわれるものが十分に発展してきていない。それをどう考えたらいいかということを、実務家の方と一緒になって考えてみるという企画をいたしました。まず、本学の池田眞朗先生にきょうの課題というのを明らかにしていただいた上で、基調講演としてこの分野の先駆者である横浜国立大学の関さんからお話をいただき、それから各士業、もちろんいわゆる士業は多数の種類がありますから、他にも士業の方がいらっしゃるんですが、今回はこの３つの士業、弁護士・司法書士・行政書士の方に、25分から30分程度、それぞれのご経験とかこういう問題に対するパースペクティブというのか、見方というのを教えていただきたいと思います。

オンラインという形ですけれども、こういうハイフレックスで会議をやるのは、実は、私自身は初めてなんですけれども、こういう形で本当にうまくやれるといいなと思っております。オンラインで参加してくださった方にも深く感謝して、早速、きょうのシンポジウムを始めたいと思います。まずは、池田先生からお願いいたします。

金　樋口先生、ありがとうございました。ごあいさつが遅れてしまいましたが、私は、本日の司会を務めさせていただきます、法学部准教授の金安妮と申します。どうぞよろしくお願いいたします。それでは早速ですけれども、本学法学研究所長、池田眞朗先生よりご講演をたまわりたく存じます。ご講演のタイトルは、『高齢者法学における研究者教員と実務家教員の協働』です。池田先生、よろしくお願いいたします。

池田　ただ今ご紹介にあずかりました、武蔵野大学の法学研究所長および大学院法学研究科長をしております池田眞朗でございます。本日はこの会場と、またＺＯＯＭでの多数のご参加をいただき誠にありがとうございます。主催者として開会のご挨拶と、本シンポジウムの説明をさせていただきます、というのが紋切り型の申し上げ方でありますけれども、本日の私の立場はもう少し深いところにございます。タイトルに問題設定、『高齢者法学における研究者教員と実務家教員の協働』と書かせていただきました。私は、武蔵野大学法学研究所が担当しております、文部科学省の補助金を得た実務家教員、ＣＯＥプロジェクトの本学の実施責任者をしてまいりました。本日のシンポジウムは、中身はすべて樋口範雄教授の設計によるものでありますけれども、私はいわばスポンサーであり、仕掛け人であるという立場でございます。何に私が注目をしたのか、なぜ私が、つまり武蔵野大学が、本日このシンポジウムを行うのかというあたりからお話をさせていただきたいと思います。

その一番の理由は、本学には人があり、実績があるということであります。２０１７年に樋口先生に本学特任教授にご就任をいただく際に、私は大学院ではなく法学部法律学科に高齢化社会と法という授業をつくりまして、ご担当をお願いいたしました。高齢者法の授業というのは、本日ご講演をいただきます、関ふ佐子先生が２００３年からおやりになり、樋口先生も東京大学で２０１３年からお持ちになったと伺っておりますが、全国的にはまだ少数と思います。樋口先生が東京大学で創設に加わられた高齢社会総合研究機構でも、大学院教育プログラムとして始められたと伺っております。法科大学院では、関先生が横浜国立大学で２００４年から既に実施をしておられます。

最近では、例えば、慶應義塾大学の法科大学院が２０２１年度に高齢者法を始められたということでありますが、わが武蔵野は２０１７年からもう6年の法学部法律学科での実績を持っておるというわけであります。

さらに研究面では、２０２１年3月に法学研究科博士後期課程開設記念3連続オンラインフォーラムの第3回として、『高齢者とビジネスと法』を開催いたしまして、その記録を武蔵野法学第15号に収録をいたしました。また、そこで提案されました一つの実践イベントとしての還暦式のアイデアを古稀式に改めて実施しようと考えました。そして、2022年3月に『高齢者学から実践へ』というシンポジウムを、本学のしあわせ研究所と共同で開催いたしまして、その知見を基に2022年9月に西東京のキャンパスで、産官学連携の古稀式という、実践イベントの開催につなげたわけであります。これは、本日は詳しくはお話しできませんが、いわゆるジェロントロジー、高齢者問題、全体に向き合って、特に法やルールという観点を立てたわけではない、最近まで老人学と呼ばれて、樋口先生がそれを高齢者学と訳しておられるものに関する実践イベントであったわけであります。

これにつきましては、先ほどお話しした本学シンポジウムの記録と、この古稀式の記録を合体させた形で、『しあわせの高齢者学』という本が、このたび弘文堂から出版されました。今、私がお見せしているものであります。

この本については、後ほどまた樋口先生からご説明もあろうかと思いますが、奥付では

3月15日初版、樋口恵子さんと秋山弘子先生と樋口範雄先生の共著の形になっております。これは本当に面白くてわかりやすい、インパクトのあるいい本です。ご一読をお勧めしますが、本日は高齢者学の中から、いわば、ルールという観点を抜き出した高齢者法学について、それを確立、普及させるためのシンポジウムとご理解いただきたいと思います。

それで現代では、世界的に高齢者のさまざまな問題の解決が喫緊の課題となってきているわけですのに、高齢者法学というものは、わが国ではまだ世の中に広く認知されるに至っておりません。高齢者法をきちんと教えている大学は、なお少ない。そして、実際の高齢者に対するケアや、高齢者のためのルール作り等を考えますと、この分野では、いわゆる士業の方々のお働きが非常に大きい。ということは、この高齢者法は大学の既存の科目の研究者だけでは到底対処できない問題である。それであれば、弁護士、司法書士、行政書士等々の、士業の皆さまの実際の関わりをこの機会に伺って、その知見を高齢者法学に取り込むだけではなく、実際に高齢者法の授業をする際に実務家教員として教壇に立つ、そういうお役目を担っていただくことを検討してみたい。

そのためには、まずは高齢者法学の第一人者の関先生に、カリキュラムのところから、構築のところからお話をいただいて、それを基に、士業の皆さんからご報告をいただく。このあたりの先行業績としては、樋口先生と関先生の共編の、『高齢者法：長寿社会の法の基礎』、東京大学出版会の2019年のこの本ですね。こういうものがあるかと思いますが、まだ数が少なく、カリキュラムなどにまで言及しているものはちょっと見当たりません。そして、さらに、高齢者法学、先進国といわれるアメリカの研究者の方から現状のお話をいただく。これに関しては、本日は、北海道大学名誉教授の吉田克己先生を研究代表者とする科研費のプログラムとタイアップをさせていただいているというのが、本シンポジウムの流れということになります。

ただ、以上のご説明は一見、わかりやすいんですけれども、実はまだ足りないんですね。ここではもう一歩深めて、なぜ、法学研究科ビジネス法務専攻を開いているこの武蔵野大学が、このシンポジウムを行うのかということを再度お話ししたいと思います。本学は、教育機関としては来年度に創立100年を迎えますが、法学部は文字通り新興でございまして、2014年に教育面では、マジョリティーの学生のためのルール作り教育というものを標榜する、新しい法学部を開設いたしました。私がその開設の責任者でありました。その後、大学院法学研究科をビジネス法務専攻として、修士課程を２０１８年に開設し、博士後期課程は２０２１年に開設しております。

ここでご留意いただきたいのは、私どもは大学院を創設する際に、いわゆる研究者養成の法学研究科ではなく、そして、法曹養成の法務研究科でももちろんなく、第３の道として、ビジネス法務およびビジネス法務学の専門家を養成するビジネス法務専攻というものを選択したことであります。

このビジネス法務学自体が途上でありまして、私どもはその確立に努力をしている途中、最中なのですけれども、法律学とビジネス法務学は違います。

端的に申し上げますと、法律の立法や解釈だけではビジネス法務は動きません。私自身、行動立法学というものを提唱して、解釈学偏重といわれる旧来の法律学に、いわば反省を促しているところなのですけれども、ビジネス法務学は、世の中の動きを総合的に把握して初めて進展するものでありまして、学問的には経営学、経済学、商学、会計学、社会学、公共政策学などの理解の上に成り立つものであります。そして、わが法学研究科は、金融法務学、高齢者法学、それから、『ＳＤＧｓ・ＥＳＧとビジネス法務学』というこの３つを3本の柱として、わが国の研究拠点になることを目指しております。

1本目の柱の金融法務学につきましては、先週2月28日に、このテーマでの3回目のシンポジウムを行いまして、ABLから事業成長担保権へというテーマで話をしたのですけれども、2本目の柱がきょうのシンポジウムで、3本目がこの3月末に出版する本研究所叢書、『SDGs・ESGとビジネス法務学』ということになります。本でお示しをすることになります。

そこで皆さんには、武蔵野の大学院法学研究科ビジネス法務専攻がこの重点研究課題に選んだ理由を考えていただきたいのであります。

金融法務学、高齢者法学、SDGs・ESGとビジネス法務学、実はこの3つとも、動態把握型、課題解決型、ルール作り型の分野なんです。また、この3つとも、少なくともわが国ではそういう名前の法律はありません。金融法という名前の法律はありません。金融は取引社会の血液と呼ばれるもので、それに関わる法律も総体が金融法と呼ばれる。高齢者法も、またしかりであります。

SDGs法などというのは、そういう言い方さえまだないくらいですが、今後そういうカテゴライズがされてきた場合も同じことになろうかと思います。

一方、既存の法律学というのは、出来上がっているルールを研究し、教える学問になってしまっている。これに対してビジネス法務学は、動態を把握して課題を解決し、新たなルールを作っていく学問である。われわれはこういう視点での、ビジネス法務学の確立を目指しているわけであります。従って、そこでは既存の、いわゆる研究者教員ではできないことがたくさんあります。つまり、既存の法律学の研究者は、自分もその1人としてこう言うのもなんですが、法分野ごとの縦割りになっておりまして、しかも、出来上がっているルールの解釈を中心に研究をしてきている。解釈学偏重の学問をしてきた人には、動態把握、課題解決、新しいルール作りというものがなかなかできない。だからこそ、実務家および実務家教員、あるいは二刀流の実務家研究者の存在というものが必須になるわけであります。それで、きょうのシンポジウムというわけです。

私は、高齢者法学と呼ばれるものは、まさにこの動態把握、課題解決、新しいルール作り、これらを追求するものであろうというふうに理解をしております。実際、専門が高齢者法ですとおっしゃられる先生方はまだ少ないです。先導者としての第一人者が、これから基本講演をしていただく、関ふ佐子先生でいらっしゃいますし、それから、英米法、代理法、信託法、医事法という、今にして思えば、高齢者法学のエッセンスの部分をお一人で専門分野として持ち、これらを統合して高齢者法学を組み立てられたという意味での第一人者が、樋口先生というわけであります。

そして、先ほど触れました、いわゆるジェロントロジーの第一人者が、秋山弘子先生というところかと思います。他にもお名前を挙げるべき先駆者、先導者の方がおられますが、高齢者法学に今必要なのは、その確立、普及。そして、それを教え、伝える人たちの再生産であろうかと思います。その点で言えば、私どもは2019年からこの実務家教員COEプロジェクトというもので、もっぱら大学、大学院レベルの実務家教員養成をテーマとして担当して、研究をいたしまして、既に2冊の報告書代わりの本を出しております。ここに今、お見せしますが、1冊目、2冊目ということで、この『ビジネス法務教育と実務家教員の養成』という形で本を出しておりますが、3冊目の本、これがきょう、見本でありますけれども、3月末出版予定であります、『実務家教員の養成』。副題が『ビジネス法務教育から多分野への展開』ということで、この本の中で、既に今印刷段階なんですけれども、本日のシンポジウムの予告を書かせていただいております。ですから、これが出ましたら、またお目にかけられればと思います。

以上の次第で、学問の本質的なところで、深い意味において、高齢者法学においては、研究者教員と実務家教員の協働が必然的に必要になるはずだと。これが本日のシンポジウムの問題設定の心であります。ご参加の皆さまには、ぜひそのような趣旨をご理解の上、本日の各講演、報告をお聞き取りいただきたいと思います。どうぞよろしくお願いいたします。ありがとうございました。

金　池田先生、ありがとうございました。それでは続きまして、横浜国立大学教授、関ふ佐子先生より、本日のシンポジウムの基調講演をたまわりたく存じます。ご講演のタイトルは、『高齢者法のカリキュラムの模索』です。関先生、よろしくお願いいたします。

関　皆さん、こんにちは。横浜国立大学の関と申します。本日は、武蔵野大学でこのようなシンポジウムを開いてくださり、本当にありがとうございます。高齢者法を研究してきたなかで、先ほど池田先生がお話しされたような、実務家と研究者が一緒になってこの分野を確立していくことの重要性を長らく唱えておりました。ですが、なかなかそういった考えが広く受け入れられることもないまま年月が経ってしまいましたので、このような形でその意義を考え、シンポジウムを開いてくださったことを嬉しく思っております。本日が、日本における高齢者法学の一歩となるようなシンポジウムになればと願っております。特に、高齢者法の講義に着目するということですが、どのような講義をしたらいいのかということについて話し合う場はこれまでありませんでした。それぞれが、どうしたらいいのか、私自身も何をどう教えていったらいいのかと、20年余り模索しております。途中から樋口先生とご一緒させていただき、先生に引っ張っていただいて本を出版したりしました。研究会や学会の場により、様々なことが見えてきたわけですが、この分野は、まだ関わる研究者や実務家が少ないため、特に実務家の方々にこの分野に入っていただければと、切に願っております。

また、武蔵野大学では、先ほどご紹介いただいた本の出版記念として、2019年に『令和時代の高齢者社会と法のあり方を考える』というシンポジウムが開かれました。来校するのはそれ以来となりますが、本日も楽しい時間になればと思っております。

本日は、高齢者法でどのようなことを教えてきたのか、横浜国立大学で何を講義したのかという点を、実際の講義のレジュメも使いながらお話をするというのがテーマの一つです。さらに、様々な場面で問われていることですが、高齢者法が学問として必要なのかということについても、講義で学生と一緒に検討する内容でもあり、後半で考えていきたいと思っております。

私の講義は、大学院ということもあり、大人数よりも小人数のゼミ形式が多いため、最近は、高齢者法の理念は何だろうといったことを議論しております。そこで、実際に講義で使う教材もご覧いただきながら、高齢者法という学問の研究としての意義についても少しお話ができればと思っております。では、後半の部分に向けて、最初に少し問題提起をしておきます。これを頭の片隅におきながら、前半の部分をお聞きください。

高齢者というのは働かなくていい人たちなのでしょうか、どうでしょう。講義でも聞きますが、皆さんはどう思われますか。生活保護法の４条には、生活保護の受給要件として、例えば資産がある、家族が扶養してくれる、働く能力があるといった人たちは受給できないといったことが書かれています。そこに年齢は書いてないのですが、65歳になると、働けたとしても生活保護を受給できる、というのが今の実務です。

65歳といったら、ここにも65歳以上の方々がたくさんいらして、ばりばり働いていらっしゃいます。にもかかわらず、お金がないから生活保護を受給したいといったときに、働かずとも生活保護を受給できます。例えば障害者だったら、働けたら働いてくださいと言われますが、なぜ年をとると働かなくていいと多くの人が思うのでしょうか。なぜ思うのだろうか、というこの素朴な疑問を解決したいと思い、研究を続けてきました。例えば、生活保護を受給しながらボランティア活動をすることも高齢者は許されるわけです。まだ65歳ではない私には許されません。

こういった点や、高齢者ということで特有の配慮は何か必要なのだろうかという点を、講義でも学生と一緒に考えております。例えば、私も指先がかさかさになり、ｉＰａｄなどが使いづらくなってきて、タッチペンを使うようになりました。また、年をとると、だんだん青色と黒色の見分けがつきにくくなったり、身体にいろいろな加齢の影響が出てきたりします。そうしたことに、しっかり配慮した職場があれば、70歳でも75歳でも働きやすいのではないでしょうか。そうしたことを考えた上で、安全工学といった他の分野の知見も取り入れながら、労働法の法規制も考えていくべきではないかと考えております。それを後半で、少し皆さんにも伺いたいと思います。そして、高齢者への配慮内容を考えるために、高齢者は一体どのような人たちなのだろう、ということを学生とも検討しております。

ひと休みとして、話はそれます。「人生１００年時代」と政府もいっておりますが、その前から、将来的な予測としては１００歳まで生きるようになるだろうし、そういう時代をどうしたらいいかと問題提起してきました。しかし、なかなかそれが伝わらない。特に若い人たちは実感できないので、実感してもらうために、渋谷ヒカリエというポップな場所でイベントをしてはどうかと、アーティストと高校生と研究者とでコラボして、展覧会を行ったことがあります。そのときに展示したこの写真の方は、１００歳の高齢者で、笑顔がとても素敵です。この方は、５段階の上から2番目の要介護4と要介護度の重い方で、ご自分で食事も難しい方です。でも、アーティストが作ったドレスを着て、メイクをして、マニキュアを塗ったら、こんな素敵な笑顔を向けてくださいました。この写真に、これからの社会の一つのヒントがあるのではないかと思い紹介させていただきました。

さて、研究者と実務家の連携が大切な高齢者法という法分野の説明となりますので、まず私自身がどのように研究を進めてきたのか、自己紹介をさせていただきます。ピッツバーグ大学のローレンス・フロリック先生は、この分野をアメリカで立ち上げた第一人者です。その下で、1999年から客員研究員として高齢者法を勉強し始めました。博士論文なども高齢者法の視点から書き、学会や研究会で報告をし、ALSというアメリカのロースクールが集まった総会のエージング・アンド・ロー部会でも報告をさせていただきました。日本では、社会保障法学会のシンポジウムなどで高齢者法について問題提起をさせていただいております。

先ほど池田先生から、法解釈学が中心の分野では高齢者法への理解が深まらないのではないかというお話がありましたが、もしかして、私がこの分野に親和的だったのは、社会保障法の研究者だからかもしれません。社会保障法は法解釈に加えて、立法政策を研究する部分が大きく、どのような法律を作っていくとよいかを日々考えています。法学にとどまらず、老年学や経済学など、いろいろな研究者と話をしながら、新しい法制度をどのようにしたらいいのかを考えている点が、もしかすると高齢者法に近かったのかもしれません。

大学院に入った修士課程から、高齢者をめぐる法的課題に関心を持ち、2014年には高齢者法研究会を立ち上げました。本日、実務家でお話しいただく根本さんにも研究会にご参加いただいております。もともとアメリカでも、実務家と研究者とが一緒になって高齢者法という法分野は発展してきましたので、そのまねをしようと高齢者法研究会を立ち上げました。いろいろな実務家、社会福祉士、弁護士、行政にいた方などにご参加いただきながら研究をしております。研究会の様子は、「高齢者法Ｊａｐａｎ」とＨＰで検索していただければ、ご覧いただくことができます。

こうして法学を中心に研究しておりましたが、この分野は法学だけではなく、別の分野の研究者ともつながることが重要だということに気付き、2019年にＹＮＵ成熟社会コンソーシアムという集まりをつくりました。そこでは、経営学、経済学、老年学、教育学、都市科学、安全工学など、様々な分野の研究者が集まって研究をしております。例えば、最近、力を入れているのは、コロナの高齢者施設への影響についての調査で、神奈川県高齢者福祉施設協議会と相談しながらアンケート調査を進めております。

私の場合は、どのような政策が必要かという観点から問題に取り組みますが、例えば、建築学を専門とされる先生と一緒に議論をしておりますと、トイレがこの配置だからコロナが広まりやすかったといった、私たちには見えない視点がいろいろと見えてきます。そういう意味で非常に勉強になっております。老年学の先生からは、年をとるというのはこういうことなのだ、ということを教えていただいております。ということで、実務と、そして多分野と連携することが、高齢者法という法分野ではとても大切だと思っております。

次は、カリキュラムです。どのようなことを教えてきたのかを話します。2003年に横浜国立大学の大学院で高齢者法という講義を始め、ロースクールが立ち上がった翌年に、ロースクールでも高齢者法を教えました。私は研究者として高齢者法という講義を受け持ちましたが、他に実務家の先生による、実務高齢者障害者問題という講義も同時に開かれました。輿石先生は、成年後見などについて社会福祉士などと連携しながら、神奈川県で先駆的に取り組んでいらっしゃる弁護士です。こうして、実務と研究者の両方の観点から講義をしておりました。その後、残念ながら横浜国立大学のロースクールは閉じることになり、2021年からは一般の大学院で高齢者法研究を教えています。

その他、ＪＩＣＡ関係で途上国から学びに来ている学生が多いので、主に海外からの留学生を対象にした、Aging and Lawを修士課程で教えています。それ以外にも、これは高齢者法に特化してはおりませんが、先ほど話した、ＹＮＵ成熟社会コンソーシアムの先生方と一緒に、「多様性を尊重する成熟社会とその基盤」という講義を開いております。この授業では、年齢差別とは何だろうかといった点や、他の分野の先生と一緒に分野横断的な問題提起をして、多様性について考えたりしております。また、高齢社会の問題は地域の問題でもありますので、地域課題実習というゼミで、学部の学生と一緒に都会のマンション群でのコミュニティーづくりを実践するゼミをおこなっております。

そして、もう一つ面白かったのが、「成熟社会のシニアと仕事」をテーマとした、今年度の「変わりゆく社会と法」という講義です。これはリカレント教育として、主に学び直しをしたい方を対象に開講しました。高齢者雇用を促進しているＮＰＯが横浜国立大学にあり、そのＮＰＯの方たちと連携して講義の内容を考えました。例えば、高齢者を雇用されている中小企業の経営者の方に来ていただいて、高齢者雇用をどう可能としているのか、どういう点に課題があるのかといった点についてお話しいただきました。また、これ以外に放送大学でも「家族と高齢社会の法」について講義しております。

こうした、最近、関心を持って開いている講義で工夫している内容もそうなのですが、実務でどうなっているのか、実際何が課題なのかを考えないと、どういった政策がより良い高齢者の政策なのかが見えてきません。実務と連携しながら講義することで、高齢者雇用でいえば関連の判例などを取り上げるときも、より生きた事例として伝わるのかなと思っております。

次に、講義で、具体的にどのような話をしているのかを説明します。例えば、大学院の講義で最初に高齢者法を教えた際には、「高齢社会対策の基本的在り方等に関する検討会」という政府の審議会のメンバーを務めていました。これは高齢社会対策大綱に基づき、日本の高齢社会対策の未来図を具体的に描く検討会でした。この報告書作りを学生と検討し、学生の意見を聞き、それを検討会での発言に反映させる形で、一緒に高齢社会の問題を考えました。もちろん高齢者法はどのような学問かといった話もしますが、具体的な政策との関係で議論することを、大学院ではよく行っています。

ロースクールでは、高齢者法はこういう学問だと概説を述べるとともに、判例研究に一番力を割きました。高齢者に関係する長澤運輸事件や老齢加算の判決などを取り上げながら、高齢者にはどのような特別な課題があるのだろうかという点を考えました。Aging and Law のクラスでは、各学生の出身国で高齢者がどのように扱われているのかということも聞きながら、英語で書かれた高齢者法の文献を読み議論しております。他でも、年齢差別、リカレント教育など、いくつかの論点をピックアップして講義しました。

もう少し詳しく、どのような講義をしているのかをお話しします。ロースクールでは、最初に、高齢者の相談者がどれくらい多いのかといった統計の話をしました。それから、相続、離婚、犯罪など、あらゆる相談に高齢者が絡んでくること、私の専門としている医療や介護の問題などでは、どのようなことが関係しているのかを説明します。高齢者法がアメリカで発展したということや、高齢者の人数が増えているなか、日本では様々な分野で取り扱っている法的課題を体系的・横断的に扱うのが高齢者法であるということなどの説明をして、勉強を進めていきます。

ところで、全国民を対象とした医療保障制度を作りにくいアメリカでも、高齢者にはメディケアという医療保険があります。そこで、社会保障の役割をそれなりに鋭く問うアメリカでさえ、高齢者は他とは異なる扱いをされているのはなぜだろうということを学生と考えたりしております。そして、日本での高齢者法の発展の経緯を述べ、高齢者法というのは、実務家にとっていろいろと活躍の場が増える分野であることを説明します。これは、後ほどの実務家の方々のお話からも見えてくることかと思います。

さらに、高齢者法を勉強するとこんなことがお得ですよという話を、弁護士志望の学生に話をしたりします。「高齢者法って儲かりますか」と聞かれたこともあります。儲からないかもしれませんが、課題はたくさんあると話します。高齢者法は、新しい分野を発展させられる法分野ですので、その面白さを話しております。また、先ほどお話ししたように、高齢者法研究会を主催しておりますので、それがどのような研究会であるかということを話しています。関心のある学生が研究会に参加したり、ロースクールで勉強した学生が弁護士になって参加するなどして、高齢者法研究会は実務家の方々と一緒に研究する場となっております。

ということで、このような導入を最初に話すというのが、私の高齢者法の講義です。その後、ロースクールではいろいろな判例を勉強します。網羅的に高齢者をめぐる法的課題を全部講義していたら、それこそ1年間の講義でも収まりきらないぐらいたくさんのトピックがあります。それを全部押さえることはしておりません。関心のありそうなトピックをピックアップし、高齢者法に関わる広範な法律問題は、自分で文献を読んで勉強してくださいという形をとっております。その年の学生の関心などによって内容を選んで考えるとともに、これから話す少し理論的な点、なぜ他の法分野とは別に高齢者法という法分野が必要なのか、といった点を一緒に考えるような講義を試みております。

次に、高齢者法は必要なのかという話をします。実務で必要だということについては、アメリカでは異論がないことだと思いますし、本日も士業の方々にお話しいただくように、高齢者法の実務における必要性というのは日本でも認識されつつあると思います。とはいえ、実務やロースクールでの講義としての必要性の議論などとは別に、このような研究分野が必要なのかという点は世界的に問われています。

最初に、いくつか私が参加したシンポジウムのことをお話しします。

２０１８年、世界の高齢者法の研究者が集まり、高齢者法は必要なのかというシンポジウム“Elder Law and Its Discontents”が、テルアビブ大学（イスラエル）で開催されました。その際、高齢者法という法分野がなくても、例えばジェンダー法、障害法、家族法、刑事法など、既存のいろいろな分野で確立した法理論、人権をめぐる議論などを当てはめれば、わざわざ高齢者に特化した法分野は必要ないのではないか、それともやはり必要なのかということを議論しました。同様の議論は、海外だけでなく日本でも問われています。ちょうど昨年の秋に、樋口先生もコメントをされた、日本私法学会のシンポジウム『高齢者と私法』が開催され、そのときも民法の先生方から、高齢者法という法分野はなくても民法があればいろいろな問題は対処できるのでは、という問題提起がなされました。私はその場におりませんでしたので、反論はできませんでしたが、私自身は高齢者法という法分野は必要であると思っております。高齢者法という視点から法的問題を扱うことで見えてくることも、考えられることもあるのではないでしょうか。だからといって、高齢者法特有の法理論が、今の世の中にあるかというと、実はまだ世界的にも模索の途中なのだと思います。そういう意味では、日本で高齢者法学が発展すれば、世界に先駆けて、面白い法理論を打ち出せるのではないかと考えております。

こうした点も学生に問題提起しており、本日最初に投げかけた問いから、これまで構築されてきた理論、年齢差別の禁止、ユニバーサルな保障などについて検討し、それらのみでは高齢者の尊厳が保障されないことがあるのでは、と問うております。他の分野、例えば障害法では、「合理的配慮」という考え方があり、子ども法では「子どもの最善の利益」というキーワードがあります。これによってその分野特有のいろいろな考えが発展しております。この点、まだ高齢者法ではこのようなキーとなる考えや理念がありませんので、何か考えられないかと悩んでおります。

冒頭の、高齢者は働かなくてよいのかという問題提起ですが、生活保護だけではなく、失業保険においても、高齢者の就労が若・中年者と同様の形で想定されておりません。具体的に話をしていきたいのですが、時間もありませんので問題提起だけしておきます。年金についても、その性質を年をとるともらえる「老齢年金」と捉えるのか、それとも、退職して仕事を失うともらえる「退職年金」と捉えるのか、その考え方が社会保障法学の中で定まっておりません。そこで、在職老齢年金制度という、働くと年金が減額される制度があります。年金受給者のタクシー運転手さんに話を聞きますと、勤務時間数を年金が減額されないように制限されている方が多いです。もし、年金制度の捉え方が、ある一定の年齢になったら支給する「老齢年金」に統一されれば、在職老齢年金制度はなくなるでしょう。

ですが、退職したことによりお金がない人に支給するのが年金だという考え方も根強いです。これらのことを考えるにあたり、年齢、老齢とは何かということを考える意義はあると思っております。

先ほど触れた失業保険は、最近の改正でも高齢者は他の年代とは異なる給付が作られていて、高齢者は失業の対象と捉えられていないことがうかがえます。生活保護もそうですが、働かなくても受給できるこれらの制度の背景にある考え方が、年金の性質を問う上で参考になります。こんなことを、具体的に、生活保護、失業保険、年金などを題材に、学生に考えてもらう講義を行っております。

この他、年齢差別についても、障害者や女性に対する差別といった他の差別と違いがあるのではないでしょうか。平等を考えるときも、他の分野で考える平等と同じでしょうか。ここでは、高齢者はどう他と異なる人たちなのかが問われます。障害法の医学モデルや社会モデルなども勉強しながら、老年学も参照し、高齢者の人間像を考え、こんな特徴があるということを考え、高齢者には特別な保障が必要なのかということを議論しております。遅々として進みませんが、こうしたみんなで考える講義をしております。本来であれば、他の講義内容も具体的にお話ししたいのですが、それは別の機会にということで、本日は終わります。

最後に、２０１１年に、日本は人口減少社会に転換しましたが、すごく長いスパンの２００年や３００年のスケールで人口のグラフを見ますと、今は歴史の大きな転換期です。こういう時代に私たちは生きており、今まで考えられていた法の枠組みを含めて、いろいろなことが以前と同じわけにはいかないのではないでしょうか。そこで、新しい社会や法理論を作っていかなければならないのではということを問題提起しながら、講義も進めております。本日はどうもありがとうございました。

金　関先生、ありがとうございました。続きまして、高齢者法学への後見、高齢者の課題、各士業の役割について、実務家の先生方よりご提案およびコメントを頂戴したく存じます。最初にご登壇いただくのは、港大さん橋法律事務所弁護士、根本雄司先生です。根本先生、よろしくお願いいたします。

根本　きょうは、貴重なお時間をいただいてありがとうございます。神奈川県弁護士会に所属しております、弁護士の根本と申します。私は、普段、いわゆる高齢者の方ですとか、障害者の方の後見ですとか、信託ですとか、そういったことを業務の一つにさせていただいております。先ほど関先生からも言及いただきましたが、横浜国立大学の高齢者法研究会にも参加させていただいておりまして、私自身にとっての高齢者法というものは何だろうかということを、今回こういった機会を頂戴して考えてみました。

一つは、普段どうしても弁護士というのは、目の前にいるクライアントのために働くのがまず一義でございますので、目の前の方のために、自分が何か働いているんだということは自覚があるわけですけれども、日々の業務というのが社会的な意義という観点で考えたときに、どういう自分の業務が、社会的にどういう意義があるのかということを、振り返りをさせていただいている場というのが、高齢者法なのかなと思っております。

高齢者法に対する一般的な弁護士のイメージということで少し考えてみたのですが、一言で申し上げますと、横串で当事者の立場から捉えている学問領域、といえるのではないかと思いました。きょう、池田先生はじめ、関先生の発表の中にもございましたが、研究者の先生方は特定の分野の研究を深く掘り下げておられるというのがまずイメージです。私もロースクールにもいましたし、学部生のときもそうでしたけれども、そのようなイメージでした。ただ、高齢者法研究会に参加をさせていただいて感じたのが、高齢者法というのは高齢者という当事者の視点で、さまざまな法分野に横串を通すようにして、研究と実務の交錯を検討すると、そういった研究会の場になっているのではないかと日々実感しております。

いわゆる弁護士という実務家の立場で参加をしておりますけれども、普段われわれが目の前の依頼者、クライアントのために課題解決や紛争解決というときには、何か特定の法分野だけを考えているわけではありません。後ほど具体例をいくつか挙げますけれども、当事者の立場に立って、この問題が解決したら、また次にこういう問題が起きるんじゃないかということを、常に当事者目線で考えて対応していくというのが、われわれ弁護士の仕事ではなかろうかと思っているわけです。例えば、高齢者の雇用問題を考えたときでも、どうしてもまずは雇用問題、労働法の観点でどうなのかというところからも当然考えていくわけですが、そのときに年金ですとか、そういった社会保障の問題はどうなっているのかとか、もしくは、じゃあ、何らかの損害賠償請求で賠償金が入ってきた、その入ってきた賠償金をどういうふうにご本人が管理をしていくべきなのかという、財産管理のところなどを考えていくということまで考える。普段は研究者の先生方とご一緒しても、特定のところを研究していくわけですが、高齢者法の場合には、むしろ、われわれ実務家の立場に、研究者の先生方が少し寄ってきてくださっているような、そんなイメージもございます。

弁護士という立場で高齢者法をどのように捉えているかと申しますと、高齢者に寄り添う法的アプローチの実践、といえるのではないかと思っています。高齢者法における弁護士の役割というのは、まず先ほど申し上げましたように、弁護士というのはそもそも依頼者、目の前のクライアントの何か助けになる、お力になるのが仕事ということになりますから、そういう意味で、依頼者と向き合うのが日々の業務になっているわけです。その上で、その目の前にいるクライアントの現在や将来の課題や、問題を抽出して、問題分析、よく弁護士の最初の仕事は交通整理だというふうにいわれたりもしますけれども、そういったことを日々行っています。この日々自分たちが行っている業務を、いわゆる研究という視点で組み替えていくのが、高齢者法の研究会で私が日々考えていることなのかなと思います。ですので、そういった観点が一つ。

もう一つは、例えば裁判例ですとか個別事例の背景にある問題や、行間にある実務上の運用の点といった研究者の先生方がどうしても現場で感じにくい部分というのをお繋ぎする、そういった情報を提供していくというのも、われわれ実務家の役割かなと思っています。後で、具体的に高齢者虐待の場面のお話を少ししますけれども、例えば高齢者虐待で、高齢者虐待防止法だけを読んでいても、現場の実務で地域包括や区役所の担当ワーカーがどのように動いているのかというのはなかなか見えてこないわけです。そういったところを日々、例えば自治体と連携したり、自治体に助言をしているという立場から、研究者の先生方に実務ではこういうことが起きていますとか、こういったことが問題になっているんだということをお伝えしていくというのも、われわれの役割と思っています。

もう一つは権利擁護の視点ですとか、あとは条約を含めた法規、それから証拠法の観点からの分析というのも日々われわれは日常業務で行っています。こういった観点からも、例えば個別法にとらわれず、もう少し広いところで、もしくは裁判になったときには、証拠法の観点からこういったものの見方はなかなかちょっと難しいと思うんですということなどをお話ししていくというのも、われわれ弁護士の仕事なのかなと思います。

弁護士にとっての高齢者法というのをもう少し具体的に考えてみますと、研究者の先生が設定された、もしくは裁判例などで示されている、いわゆる、そこにいらっしゃる高齢者の方をわれわれの実務経験を基に寄り添うというのが、高齢者法の中で日々私が考えていることです。例えばですけれども、最近、特に弁護士会を中心に、ホームロイヤーという位置付け、役割を提唱しています。任意後見の将来型をベースとした見守り契約をさせていただいているご本人をイメージしてください。例えば、私が今、実際に担当させていただいている方などをちょっとモデルケースに考えてみますけれども、まず、その方がご相談にいらっしゃったときに一番最初に考えるのは、まず今、その方の課題として、例えば財産管理に不安があるということであれば、じゃあ、後見法で任意後見でいくのか、もしくは信託法で商事信託や民事信託を活用していくのかという、入り口のコンサルティングからまず入るわけです。

例えばこの方には将来型の任意後見でいこうとか、もしくは何らかの商事信託の商品を少し組み合わせてみよう、そういったことを考えていくわけですが、その次に、それが始まってからも当然ご本人の生活は続いていくわけです。ご本人の生活が続いていく中で、例えばアパートの管理をしていますということであれば、ふたを開けてみれば優しい大家さんなのか、賃料を半年滞納している入居者さんがそのままになっているとか、契約書上は毎月払いのはずなのに、入居者さんが勝手に1年払いにしているとか、例えばそういうケースはざらにあるわけです。それはそれでご本人がそれを納得されてそうされているということであれば、それでいいのかもしれませんが、例えば、その方が急に退去することになった。もう全然原状回復しないで出ていこうとされているとか、そういうことになればば、いわゆる、その賃貸借管理というような観点で何らか助言ですとか支援をさせていただくということになるわけです。例えば、隣に住んでいる方が、ご本人のおうちの入り口に付けている防犯カメラの位置が気に食わない、うちが映っているんじゃないかとか、俺が目の前を通ったときに映り込むじゃないかとか、そういうことで民事調停を起こしてきた。相隣関係のトラブルに対して、どうしましょうかという形で寄り添って対応していく。あとは、これは、もう多いトラブルかもしれませんが、いわゆる特商法とか消費者契約法といわれるような分野に関する訪問販売のトラブルとか、そういったもの、それから、あとは財産をご本人が今度どういうふうに承継させていくのか、相続法、信託法、事業をされていれば事業承継にもなるでしょう。遺言だけでいいのか、何らかの信託と遺言を組み合わせるのか、そういったことなんかも考えていくことになるんだと思います。

そして、最後、いつか人は亡くなりますから、亡くなったときに葬儀をどなたがやるのかという、例えばご家族、ご親族がいらっしゃればいいわけですけれども、そうでないとすれば、死後事務を誰に頼むのか。もしくは墓地とか埋葬とか、そういったところをどのように考えていくのか。あまりお金がない方ということであれば、自治体の墓地埋葬法に関する法律のほうでいくのか、どうするのか、そういうようなことを考えていく。つまり、一定の年齢以上の状況になられたご本人の、日々の生活にまつわるあらゆる法律問題に関わっていくというのが、この高齢者法における弁護士の寄り添い方ということになるんだろうと思います。

今回樋口先生からテーマをいただいたときに、ロースクールで高齢者法をどのように展開されているのかということについて、私も、自分の通っていたロースクールには、高齢者法という授業はなかったのですが、今、とあるロースクールで、実務家弁護士6人ぐらいで障害者法という実務教育を行っています。それを私も担当させていただいているので、それをベースに、あとはきょうの池田先生のお話も踏まえながら、障害者法の実務教育から見た高齢者法というものを少しお話ししてみたいと思います。例えば障害者法の分野では、障害の精神、知的、身体という、この3つの障害分野にそれぞれフォーカスをあてて、検討しています。

例えば身体障害の分野であれば、駅からマンションへのアプローチの中に、道路を渡る便利な橋があるわけです。例えばその橋に対して、エレベーターが付いていない、階段しかありませんということになると、身体障害の方にとってそれは全然メリットにはならないわけです。そういうことについて販売時の説明義務の観点で問題になることがあり得るというのが、身体障害の分野だったりするわけです。他方で、私が主に担当している知的障害というところでいえば、いわゆる親亡き後の問題ですとか、そういったそれぞれの障害分野に応じて、問題となってくるテーマというのが変わってくるので、この3つに分けて設定をしているということになるわけです。

例えば知的障害という分野で見ていったときに、2つの側面があるというふうに考えています。一つは、いわゆる民法ですとか、そういった基本法で、障害特性がある方に運用上の在り方で検討しなければいけないというものと、もう一つは、障害特性がある方のための個別法を検討するという、この大きく分けて2つの側面で、知的障害に関する障害法というものを考えています。1つ目の基本法で障害特性がある方への運用の在り方というのは、具体的に申し上げると、例えば障害をお持ちの方が罪を犯してしまって加害者になったという場面を考えるときに、まずは障害があるかないかに関係なく、刑事手続きですと刑事訴訟法の基本的な手続きには当然乗るわけです。障害があるので、いきなり、例えば48時間の制限が取っ払われるとか、そんなことはないわけですから。当然、通常の刑訴の手続きに乗っかるわけです。通常の刑訴の手続きに乗っかる中で、さらに、その障害特性があるというご本人に対して、どのようにアプローチをしていくのかということを考えていくのが、この障害に関しての刑事法ということになるんだろうと思います。

他方で、障害特性がある方の被害者支援という観点で考えると、これはいわゆる、その被害者の方の供述の中で、例えば障害特性がある方というのはなかなかお話がされにくい、もしくは、正確に表現されにくいという特性があるわけで、その被害者になっている障害者ご本人から、いかに具体的に供述を引き出していくのか、もしくは、その再現となるような証言をしていただくのかというのを考えていくわけです。これはある意味、障害特性がない被害者の方に対しても、インクルーシブにその被害者支援を行っていくという観点では、共通点も多いところだったりするわけです。

ですから、いわゆる、例えば刑事法における障害の分野というところでいえば、今申し上げたような基本法があくまでもある、その上に対して障害特性というものを運用上どのように考えていくのか。例えば検察官にどういうふうにアプローチをするのか、裁判官に勾留請求がかかる前にどういうふうにアプローチをしていくのかという、その基本原則の上に乗っかるものを考えていくというのが一つあるわけです。

もう一つは個別法という観点で、例えば障害者差別禁止法であるとか、障害者虐待防止法など、そういった障害者の個別法についても考えていくという、この2つの側面があるんだと思います。

これをひるがえって、高齢者法という形で私なりに少し考えてみたのですが、例えば、認知症のご本人が交通事故を起こした、人身事故を起こしたケースを考えてみてください。きょう、たまたま、ここに来る前の朝の情報番組でも、高齢者の方のドライバーの問題が取り扱われていました。免許の返納とか、そういうお話をたくさんされるわけです。高齢者の方にとって、運転するのか、もしくは免許返納したときに日常生活がどうなっていくのかという、そういう観点にどうしてもフォーカスが当てられがちですが、われわれ弁護士から見ると、もちろんそういった点も大事なのですが、実際に交通事故が起こってしまったときのことを、どちらかというと考えるわけです。皆さまも、認知症の方が交通事故を起こしたら、当然、刑法ですとか刑事訴訟法とか、刑事手続きに乗っかるというのはイメージがつくところだと思いますし、民事上の賠償責任はどうなるんだろうかというようなところもイメージがつくところかもしれません。

ただ、この先も実はあるというのが、この高齢者法における、われわれの役割ではないかと思っています。どういうことかと申し上げますと、例えば、刑事上の手続きは何とか交通刑務所には行かずに執行猶予で済みそうだという話になりました。民事上の責任についても多くの場合、保険法の観点からいくと、免責の問題が起こり得るように見えますが、実務上、ほとんどの保険会社は認知症の方が加害者だったとしても免責規定を適用せずに、被害者保護の観点から保険金支給をしていただけるというケースが実は多かったりするわけです。ここまでで、ほとんどの皆さんのご認識というのは終わると思うんですが、その後もご本人の生活や、ご家族、ご親族の生活は続いているわけです。交通事故が、特に社会的な注目を浴びてしまうような事件、事故になってしまっているようなケースですと、場合によってはご家族がばらばらになったりとか、今までと同じように生活することが難しくなっていくというケースもあるわけです。

そうなってきたときに、今までは家族と一緒に生活されていたご本人が、今度は１人で生活をすることになる。１人で、在宅で生活することが難しいのであれば、介護保険を適用して老人ホームにご本人が入るわけですね。そうなったときにご家族も疎遠になってしまわれたり、関係性が難しくなってしまわれている。じゃあ、ご本人の財産管理をどうするんだとなれば、そこは後見法で、法定後見を考えるしかないという話が出てくるわけです。ご本人にカードローンがありますと、不法行為は当然、皆さまご承知のように免責されませんから、保険で賄える範囲で賠償責任が済んでいればいいわけですけれども、それで済まないということになったときに破産法で免責されない部分について、じゃあ、それ以外の免責できる債務があるのであれば、それは任意整理とか、もしくは自己破産とか、そういったことを考えるということにもなるわけです。最終的には、債務の状況によっては、相続の中で相続人の方が放棄をするとか、そういうところまで、皆さんが多分、あまり着目されない、皆さんや社会があまり見ていないかもしれませんが、ご本人の生活というのは当然、事故の処理の後も続いていきますので、そこまで考えていくというのが一つです。

もう一つは、例えば在宅での高齢者虐待の問題を考えてみたときに、高齢者虐待防止法であるとか、老人保健福祉法というのは、いわゆる行政法の分野になりますから、行政がどのように対応しているのかということが、まず一義的にはあるわけです。ここは、いわゆる高齢者ご本人、虐待に遭っているご本人を保護する、もしくは、虐待をしている養護者の養護者支援をしていくというのが、これら行政法の観点になるわけですが、その後、保護されたご本人がどのように生活を送っていかれるのかというところまで見ていくのが、高齢者法なのではないかなというふうに思っています。

例えばやむを得ない措置で施設入所したご本人、やむを得ない措置はどこかで解けますから、そうなったら、その後、誰がその施設の契約をするのか、契約法の観点でいくと、本人に契約能力がなければ、これは後見法でいくしかないという話になるわけですし、後見開始の申し立てに親族がいなければ、首長申し立てでいくというような話が出てくるわけです。やむを得ない措置をしてそこで終わりではないんだという、アフターの部分のところについて見ていく。

もしくは、やむを得ない措置に至る過程のところも、高齢者虐待防止法とか、老人保健福祉法の条文を見ていてもなかなか出てきません。実際の現場の行政がどのように動いているのかという観点も見なければ、虐待に関しての裁判例というのを正確に分析していく、検討していくということは難しいわけです。そういったときに、われわれが普段、自治体に助言をしたり、ワーカーと一緒に動いたり、虐待対応していったりするケースがありますから、そういう観点から、何か情報提供できたりするということがあるのではないかなというふうに思います。

最後に、財産管理の面でも、その高齢者法という観点で考えていったときに、後見法、信託法、相続法、死後事務というようなところがあるわけですが、高齢者のライフプランニングを行っていくというのも、高齢者法の観点から見た、高齢者の財産管理という視点になります。そこでは先ほど関先生からもお話がありましたけれども、金融ジェロントロジーといわれるようなところの金融学とか、もしくは行動経済学とか、そういった観点も含めて、高齢者にとって望ましい財産管理というのは何であるのかということを考えていくことが、まさに、この高齢者法という分野なのではないかなというふうに思っています。私も、他の社会保障法や、信託法の研究会にも参加させていただくこともあるわけですが、高齢者法の研究会に参加させていただいているときは、また違ったわくわくやたくさんの刺激をいただいております。ぜひ高齢者法という分野で、われわれ実務家と研究者の先生方と、たくさんコラボレーションできる機会が今後も頂戴できると、とてもうれしく思います。きょうはありがとうございます。

金　根本先生、ありがとうございました。次にご登壇いただくのは、日本司法書士会連合会理事でいらっしゃいます、司法書士の高橋文郎夫先生です。高橋先生、よろしくお願いいたします。

高橋　皆さん初めまして、司法書士の高橋と申します。高齢者法というものがどういうものか、何を目指すのか、私は十分に理解をしないでこの場に立っていますので、もしかしたら皆さんが期待をしているようなお話とは、趣旨が違う内容となるかもしれません。日本司法書士会連合会の中では、法教育を長年研究し、取り組んできました。ですから、その視点から高齢の方々を対象とした法教育であったり、高齢の方々が自分自身、自分事としていろんなことを考えてもらうというような内容のお話が中心になるかもしれませんので、そのへんはご容赦をいただきたいなと思います。

私は、今週11日に12年目となる、東日本大震災と原発事故の地である福島で、現在司法書士の業務を行っております。皆さんご存じの通り、まだ全国に原発事故で避難生活を強いられている方々が、2万2000人余りいます。それから、福島県では、震災関連死、長期避難による精神的な、肉体的な疲労によって亡くなる方が、直接死よりも多いというような状況が続いています。私は現地で、また全国に避難している方々の支援をしておりますけれども、避難者の方の高齢化に伴うさまざまな重層的な問題も出ているということは、皆さんにお伝えしていきたいなと思っております。ちょっと、ここでそういうことを申し上げるのはどうかと思いましたけれども、高齢者というつながりであれば、そういったこともご報告申し上げればなと思っております。

司法書士と高齢者との関わりを知っていただくために、少し司法書士の業務についてご理解いただくためのお話をさせていただきたいと思います。司法書士の業務範囲としては、ご存じの方、また司法書士制度をご利用になった方もいらっしゃると思いますが、まず不動産登記、土地や建物の登記、会社や法人の登記、裁判事務、成年後見、それから、最近、多い遺産承継といったことが挙げられます。特に生活に身近な法律問題の解決に取り組んでおります。1人の人の一生の、それぞれの人生のステージの中で、そのステージに応じたいろんな法律問題、生活のトラブル解決というものに取り組んでいる法律実務家であります。

まず年少期においては、未成年後見人に私もなっております。また家事調停申立書を作成したりする中では、子どもの権利を保護したり、意見表明権、アドボカシーといった支援というものも行っております。それから、成年期になりますと消費者問題、特に若者の消費者問題は、今は成年年齢引き下げになったことに伴い、大きな社会問題にもなっておりますけれども、そういったものにも取り組んでいます。また成人になると結婚、離婚に関わる問題、会社を立ち上げる、それから、マイホームを取得するなど、社会生活を営んでいくと、さまざまな、身近な生活の中での法的手続きや問題解決にあたっています。そして、いわゆる人生の後半になりますと、相続、遺言、それから先ほど出ました死後事務というものにも、司法書士が業務として関わっているところであります。

われわれ司法書士は、弁護士さんのようにオールマイティーな法律家ではありませんけれども、簡易裁判所の少額の裁判は代理人として法廷にも立てますけれども、それ以外は裁判所に提出をする書類作成業務ということで、まさに依頼者に寄り添った、伴走支援の形で業務をするということを行っております。これが冒頭、申し上げました法教育の基本理念でありまして、主体的に本人に問題に向き合ってもらって、解決する力を養うということにもつながるということと、理解をしているところであります。このように私たち司法書士は、市民に身近に存在する法律実務家である、そういった存在であるが故に市民の顔が見えますし、市民の声が聞こえてきますし、それを感じた上で、市民に対して正しい法的情報を伝えていくのが役割であるのかなと思っております。これが、司法書士が法教育、また消費者教育に取り組んだスタートの頃の思いであります。

ちょっと法教育の話ばかりになって大変恐縮なんですが、歴史的に振り返りますと、昭和50年代頃から、全国各地の有志の司法書士が、ボランティア活動として、法律に関する情報を伝えたり、消費者被害防止啓発講座を実施したり、さまざまな法律関連教育活動に取り組んできました。それは若者であったり、また社会人であったり、高齢の方々であったり、それぞれのニーズに応じた情報提供を目的とした法律教室を行ってきたわけであります。その取り組みが全国各地で草の根的に活発化したものがこの資料にあります。平成10年前後でありましょうか。その背景には、国民生活センターへの消費生活相談件数が平成9年には40万件を超えましたし、ここにありますように、個人の自己破産件数が平成10年には10万件を超えるというような深刻な社会問題の時代でもありました。また、自死者も3万人を超えるという時代でもありました。

その中で、このままではいけないなということで、危機感を抱いた各地の司法書士が、まずは社会に出る前の若い人たちに必要な情報を伝えようと、困ったときには司法書士や弁護士に相談に来てもらおうということで、学校に出向いて、出張法律教室を実施する取り組みに力を入れました。それに加えて社会人、それから、高齢の方々への出前講座というものにも取り組んだということであります。私もその1人で、よく高校や大学に行ってお話をしてきましたけれども、私自身も、親やおじいちゃん、おばあちゃんから学んだことが非常に大きい。高齢者からの学びって非常に大きいものがあると感じています。例えばお金は借りるなとか、保証人にはなるなとか、そういったことは本当に教科書では学べない、人生の先輩方から学ぶことが非常に大きいということであります。

例えば印鑑を押すこと、今は脱はんこ時代で、印鑑の話をするのはちょっと時代錯誤かもしれませんけれども、印鑑を押す前に自分の印影というか、はんこを見て、ぐるっと回してみよと。その10秒間で、はんこを押していいかどうかを見極めろというような、私はじいちゃんから教わったこともありました。そういった先輩方の教えというのは、非常に学びになっているなということも思ったわけであります。やはり、社会経験豊富な高齢者から学ぶことが非常に大きいということも感じているところであります。法教育は、社会科教育研究者の皆さんの実践であったり、弁護士会や司法書士会による、法的な情報の伝達を中心とした、司法教育の取り組みという2つの流れが、わが国の法教育の出発点でありました。

これをさらに後押ししたのが皆さんご存じの通り、司法制度改革であります。国民の法的基盤を整備しようということで、司法教育の充実というものが出てきたわけです。事前規制から事後救済型社会の転換を目指した司法制度改革等のいろんな改革がありましたけれども、その中で、法務省に法教育研究会というものができました。そこで私も委員として勉強させていただきましたけれども、やはり、それまで、われわれは被害者救済のための、どちらかというと交通安全教育みたいに、これは駄目、あれは駄目といった、対症療法的な教育が中心でありましたけれども、その中に、自ら学び、生きる力を身に付けるといった法教育のエッセンスを入れた、こういうふうに転換をしていったというところであります。法教育は、一般市民の誰もが身に付けておくべき基礎的な法的リテラシーを養成する教育でありますので、法律専門家を養成する法学教育と目的が違うというところであります。

法教育を通じて育てたい基礎的な法的リテラシー、それは法的な疑問、被害を感じたときに調べたり、相談したり、法律や司法制度を使ったりできる、まさに動ける力ではないかと思います。この力は、どの年代でも、高齢の方々でも、身に付けるべきなのかなということを感じているところであります。司法書士会の実績はそんなところでありますけれども。

その中で、学校教育で行う法教育、消費者教育と、市民、高齢者を対象とした法教育の相違点というものを少し考えてみたいと思います。消費者庁が以前から公表しています消費者教育の体系イメージマップというものを見てみますと、幼児期、小中学校期、高校生期の、いわゆる学校教育における学習目標は関心を持つ、目を向ける、知る、考えるといったものであります。一方、成人期、高齢期の学習目標は、行動する、実践する、伝え合う、支え合う、つくるといったもので、より実践的な力を身に付けることを学ぶということが書かれています。特に、このイメージマップを見ますと、高齢者の学習目標は支え合うというものがキーワードになっております。

具体的に見ますと、消費者の行動が環境、経済、社会に与える影響に配慮することの大切さを伝え合おうということ。それから、伝え合う、支え合うということですね。契約トラブルに遭遇しない暮らしの知識を伝え合おう。安全で、危険の少ない暮らしの大切さを伝え合おう。ということで、伝え合ったり、支え合ったりということがキーワードとなっているわけであります。具体的な実践例を少しお話しさせてもらいますと、広島の司法書士会で、いきいき法律教室というものを開催していました。これは、まさに地域の特色を一番把握しているのは、その地域で活動するわれわれ司法書士であったり、関連士業の皆さんであります。地域の司法書士や関連士業の皆さんも含めた、高齢者を孤立をさせない、地域ぐるみのネットワークの構築を目指した取り組みが、この法律教室でもあったわけです。対象は、地域の高齢者はもちろんですけれども、高齢者を支援する方々、地域包括支援センターの職員さんだったり、民生委員であったり、ケアマネージャーさんであったり、介護ヘルパーさんなどです。

大体、90分を1コマで作りまして、契約や悪質商法のお話であったり、いわゆる借金のお話、成年後見制度のお話、相続のお話といったことで、1コマでいろんなお話をする。まさに車座になって、一方的な講義ではなくて、本当に高齢者が抱える問題を聞きながら、それに答えるといったやりとりをして、そこでわれわれが問題点も、地域の問題も把握するというような取り組みをしています。昔、地域のつながりがあったり、地域のみんなで助け合ったり、何か困ったことがあれば地域の長老の所に行って、長老が解決するというような古きよき時代もありましたけれども、今は核家族化が進んで、地域のネットワークが希薄になっているというところで、独居の高齢者が孤立しがちとなり、問題の発覚が遅れてしまうということもあります。この法律教室はまさに先ほどより申し上げているように、地域でのネットワーク、地域での顔の見える関係ができることによって、そういった被害を防止するということにもなっているのかなということを考えております。

高齢者法学への期待などという偉そうなことを書いてしまいましたけれども、今、高齢の方に終活の勧めであったり、特に相続登記の義務化が令和6年からスタートするということで、そういった相続等の問題について非常に関心が高まっているところでもあります。また成年後見制度についても、今、制度のあり方を見直すための研究会というものも開催されていまして、後見、保佐、補助の3類型の見直しであったり、また一度、成年後見、法定後見人となってしまうと、一生、成年後見人が付いたような状態はどうかということもあって、任期制の後見制度であったり、スポット後見人制度であったりというものの見直しも協議されています。

成年後見制度は、ラストリゾートだという考え方になってきています。高齢者の皆さんが持っている力を支援する、まさに意思決定支援ということも、これからは中心の課題になっていくのかなということを考えております。冒頭、福島の災害のお話をしましたけれども、原発の賠償に関する相談も非常に多いんですけれども、今般、東電のほうから、追加賠償の中間指針が改めて出ましたけれども、これから高齢者の方、当時50代、60代だった方が、もう70代、80代になっているわけですから、そういった方々が請求の資料を受け取って、果たして読み取れるかということもあるわけですね。そこで、やはり、われわれ専門士業が新しい情報を伝えて、読み解く支援をしていかなきゃいけないなということも感じているところであります。

最後に、高齢者にも共通する法律教室で伝えたことということを書きまして、これは地元の福島大学で、学生さんたちにお話ししたテーマであります。学生さん相手なんですけれども、高齢者の方々にもこういったことで語りかけてもいいのかなと思って、6つ書いてみました。社会では君たちが主役ということは、高齢者の皆さま、あなたたちが主役ですと。自分たちで力をつけて、自分たちで解決できるものは解決していこうというような投げかけはしていいのかなということを考えました。それから、法律とはという基本的なことですけれども、法は守るべきもの、変えることができるもの、また作ることができるものということを、改めて高齢の皆さんにも問いかけていいのかなということを考えました。

『十五少年漂流記』、これは皆さんお読みになったと思いますけれども、２年間もの間、子どもだけで生き抜いたお話ですよね。そこにはそこに生きた子どもたちの間でリーダーができ、ルールができ、社会が形成されたということでありますので、やはり、地域で生きる高齢者の方々もそんな仲間づくりをしてほしいなという思いで、語りかけられるかなと思います。社会の中で生きていくためには何が必要でしょうかということは、やはり、本物を見極める力であったり、疑う、断る、主張する、聞くという基本的な力を、改めて高齢の方にも確認をしていただきたい。自分を大切にするとともに相手をも大切にしましょう。これは、高齢の先輩方は十分にわかっていることだと思いますけれども、改めて、他人との関わりを考えてみましょうというようなことを、語りかけることができるかなと思います。

そして最後に、依存から自立へと。みんなと共に自分らしく生きてみませんか。それを学ぶのが社会であり、その社会を支えているのが法なのですということを学生さんたちにも話しましたけれども、高齢の方々にもそんなことを話してもいいのかなと思っています。きょうのシンポジウムの、高齢者法学が何を目指すのか、高齢者自身の学びの場を提供することなのか、また高齢者にエンパワーすることなのか、高齢化に伴う能力の低下を補うといった視点が必要なのか、私は、きょう、初めて関係者の皆さんとお会いして、学んでいきたいと思っております。そして、このシンポジウムで学んだことを、何かしらお役に立てていきたいと思うところであります。

私の妻の父が、3日前に100歳になりました。1人で生活をしています。私の自宅から5分ぐらいの所なんですけれども、もう1人で住みたいということで、私のうちに来ない。毎日、私は様子を見にいく。通勤介護をしておりますけれども、認知症も何もないですよ。要支援1なんですよ、100歳で。もう困ったもんで、そんな元気な高齢者もいますので。私も64歳なんで、そろそろ高齢といわれるかもしれませんが、35歳差のある高齢者層をどうするかというのは、ぜひ研究者の皆さんにもお考えいただきたいということで、終わらせていただきたいと思います。どうもありがとうございました。

金　高橋先生、ありがとうございました。続きまして、日本行政書士会連合会、行政書士制度調査室市民法務分科会座長でいらっしゃいます、行政書士の岡本祐樹先生です。岡本先生、よろしくお願いいたします。

岡本　皆さんこんにちは。私は、日本行政書士会連合会から参りました、行政書士の岡本祐樹と申します。行政書士、皆さんご存じですかね。行政書士といって、ぱっとイメージが思い浮かぶ方ばかりじゃないのかなと思うんですけれども。私は、今、行政書士制度調査室という所で、市民法務分科会の座長をしております。これから少し行政書士の説明と、業務についてもお話をさせていただきたいと思うんですけれども。私たち行政書士も士業の一つとして、もう既に人生１００年時代、始まっていると思っています。その中で、私たちが士業としてどのように関わっていけるかの今、いろいろと研究、調査を進める中で、今回、樋口先生とご縁がございまして、いろいろと行政書士会のほうでもご助言とご講義をいただいているところです。

昭和26年2月22日に公布された、行政書士法というものがございます。ニャンニャンニャンで猫の日と呼んだりもしていますが。行政書士の主な目的として、行政に関する手続きの円滑な実施に寄与するとともに、国民の利便に資し、もって国民の権利利益の実現に資することを目的とするということで。皆さん読んで字のごとく、行政の手続きに関することなんだな、それがまず目的の一つなんだなというのは、よくご理解いただけると思います。

規定されている業務というのが法律上ございまして、官公署に提出する書類ですね。ここでは、大きく役所というふうに捉えていただけるといいかなと思うんですけれども。皆さんがよくイメージする役所に提出する書類を作成する。そして、それだけではなくて、権利義務、または事実証明に関する書類を作成することを業としています。なので、皆さんはもしかすると、例えば車を買われたとき、車庫証明を取ったり、自動車登録をしたりというのがあると思うんですけれども、あれも行政書士の仕事。あるいは、皆さんが飲食店を開きたいときなど、飲食店を開くために許可が必要になります。そのときに皆さんに代わって、書類を作成したり、申請を代理したりというのも、私たちの仕事。

それだけではなくて、権利義務や事実証明に関する書類、例えば契約書、あるいは相続が発生したときに作成する遺産分割協議書、あるいは遺言の起案。遺言を作るときのサポート等々も、私たちが行政書士の業務として、行っているものになります。他の法律による制限ありというのは、他の法律というのは主に何を指しているかというと、いわゆる他士業法、例えば弁護士法とか、司法書士法とか、いろんな士業の法律があります。そこで制限を受けているものに関してはできません。具体的なイメージでいうと、例えば法的に紛争性があるものは行政書士は扱えないものになっている。

あとは登記ですね。これは、例えば不動産とか、商業登記とかありますけれども、これは私たちは扱えない。皆さん、代書屋ってご存じですか。上方落語をご存じの方は、「代書屋」って知っているかなと思うんですけれども、昔って、例えば字を書いたりする方、書ける方、なかなかいない時代、いわゆる代書人の時代。そのときに、代書屋という落語の演目だと、ある男が代書屋さんに行って、履歴書を書いてくれと言い、代書屋が履歴書を書くというのを落語の題材として、面白おかしく話しているんですけれども。そういう時代から代書人というのは存在しています。

行政書士の特色ということで、少し挙げてみたんですけれども、さっき話したみたいに、官公署に提出する書類も作ったり、申請を代理します。だけど、権利義務、事実証明に関する書類も作るということで、業務の幅が広いんですね。だから、専門も結構いろいろあります。例えば、許認可申請。これを専門にやっている同業が多いです。例えば建設業とか、宅建業とか、いろんな運送業とか、そういう業を始める際に、日本は申請主義、許認可、許可なり、認可を取らなきゃいけないので役所に提出する、これを専門的にやっている行政書士もいます。あとは外国人関係ですね。いわゆる入管業務ということで、申請取次といって、申請取次の資格があると、本人が行かなくても代わりに提出できるというものがあります。

最近だとウクライナ避難民支援ということで、行政書士会にもいろんな相談とか依頼が来て、自治体といろいろと協力をして、ウクライナ避難民の方の在留資格とか、そういうもののお手伝いをしたというケースがあります。あとは自動車登録とか、これ、わかりやすいですかね。あと農地関係、知財関係。民事系といわれる法人関係、あるいは契約書の作成、相続、遺言、成年後見、私はそこを主な業務としております。

さっき紛争になっているものは業として扱えませんよ、とお話ししました。そうなんですね。紛争にならないように、いかに法務として予防法務を行うかというのが、おのずとして、私たちの重要な業務でもあるわけです。紛争になってしまったら私たちは立ち入れない。だけど、なるべく紛争にならないように遺言を作ったり、契約書を作っておいたり、あるいは合意書を作成しておいたりというのが、私たちの行政書士として業務をやっている中での、結構一つの重要な観点として、「予防法務」というものがそもそもあります。「エックスアンティー（ｅｘ ａｎｔｅ）」というんですかね。「事後」ではなくて、「事前の」というところを業務の視点として持って仕事をしております。

会員も多種多様です。多種多様というのはどういう意味かというと、例えば令和４年で受験を申し込まれた方、最高年齢、お幾つだと思います？ 98歳、樋口先生、びっくりしてらっしゃるけど、98歳の方が試験を申し込まれています。最年長の合格者は78歳。もう、まさに人生１００年時代を体現しているんじゃないかというぐらい、行政書士の世界って多種多様です。そこまでご年齢いっていらっしゃらなくても、例えば企業とか、役所を勤められて、定年退職をして、セカンドキャリアとして試験を受けて、入会される方もたくさんいます。逆に若い方もたくさんいらっしゃいます。20代で大学時代、資格を取得して、大学出てからとりあえず就職はしたんだけれども、行政書士というのを登録してみようかなという形で登録される方もいらっしゃいます。

私は平成24年に登録したんですけれども、20代の後輩もいれば、60代後半の後輩もいるという、そういうイメージです。行政書士会自体も役員の年齢層も含めて、様々です。40代もいれば、80代もいる。本当に多種多様な、ちょっと特殊な士業なのかなというふうに思っております。公務員とか長くやられた方は審査を通ると、行政書士登録ができる特任制度というのもあるんですね。なので、自治体でずっと勤めていた方とか、役所でずっと勤めていた方と、試験を受かってまだ20代で若い方が、同じ会に所属しているという、ちょっと面白い業界でもあります。

会員数は今、全国で5万人ちょっとですかね。東京が圧倒的です。東京が7500人ぐらいいるので圧倒的ですが、一番少ない所だと佐賀とか鳥取とかですかね。200人、250人前後ぐらいの県もあります。ただ、一つの特徴として、自宅で開業される方も多いんですね。そうすると、どういうことが生まれるかというと、みんなが都市部には集中しないということです。ご自宅って様々な所にあって、みんな駅前に自宅がいっぱいあるわけではないので、地域的な偏在が比較的少ないというのが、私たち行政書士の特性でもあるかなと思います。なので、5万人の会員が、もしかしたら皆さんのご自宅のお隣にも行政書士がいるかもしれませんけれども、いろんな所にいるというのが私たち行政書士の特徴だと思います。日行連の活動の基本理念ということで、3つを挙げています。1番が地域との共生、2番が役所との共生ですね。3番が他士業との共生ということで、いろんなところと共生することによって、行政書士として活躍できるところで活躍をしていこうというのが、基本理念になっております。

行政書士会で行っている直近の取り組みみたいなものを、3つほど挙げさせていただきました。その取り組みの中で、高齢者に関わる部分については、課題という形で提起させていただいております。取り組みの1つということで、新型コロナ感染症の中で経済的にも、いろいろな支援金とか給付金というものが必要になっている中小企業、あるいは個人事業主の方がたくさんいました。国の持続化給付金などですね。その電子申請するときもご自身でできる方はいいんですね。だけれども中小企業の経営者、結構、平均年齢も上がっていて、70代、80代でも、皆さん元気に経営されてるんですね。

だけど、実際にオンラインでいろいろなものを添付して申請しろといわれたら難しいんですよ。人によってはそもそも要件もわからない。分厚い要件を読み解いて、自分がそれに当たっているのかどうか。そして当たっているとして、どの書類を提出すればいいかというのもなかなか難しいという方が結構いらっしゃって、電子申請の支援ということを会としても行っておりました。金額が中小企業であったら上限が２００万、個人事業主であったら上限１００万ということで、コロナ禍でなかなかお店を開くことができなくて、売り上げがなかった事業者さんたちにとっては、大きなお金になります。なので、要件も含めて説明をして、必要な方に関しては支援をして、申請をすることを行っておりました。

全国で４４１万件、申請があったようです。４２４万件支給されているので、不正受給とかでちょっと問題になって、いろいろニュースとかでも報道されましたが、相当数の申請があったというものになります。あとは一時支援金とか、月次支援金、あと事業復活支援、このへんも支援金とか給付金、これはオンラインの申請なんですね。皆さんが、じゃあ、パソコンでそれをさくさくっと、あるいは、スマホでさくさくっとできるかというと、なかなかそれが難しい。皆さん、全国の経営者の平均年齢って、お幾つぐらいかご存じですか。大体、今、60歳ぐらいです。もっというと、70代の方も20パーセント以上います。80代の方も5パーセントぐらいいたと思います。なので、なかなか、そういうデジタル化についていくのが難しいという経営者も多数存在するというのが実情かなというふうに思います。

その代わり、経営者としてはすごくお元気なんですよね。私の義理の父も、実は秋田で飲食店をやっていまして、自分じゃ出せないと、わからんと。だけど、多分、これは要件に当てはまっているはずだというので、私のほうで確認して、申請をしましたけれども、そういう方が非常に多い。※印のところで書いたんですけれども、生活衛生業同業組合中央会、ここは理容店とか、美容店とか、クリーニングとか、ホテルとか、飲食店、いろんな業を行っている方たちの団体なんですけれども、そこと日本行政書士会連合会で一緒に支援金とか助成金の相談申請支援をやりますよというので始めたところ、結局、最終的には8000件を超えるご相談がありました。皆さん、わからないよって、どうやってやればいいかわかんないよって、単純にそこなんですよ。欲しいいし、申請もしたいけど、わからないと。誰に相談していいかもわからないというのが、正直な皆さんの声だったかなと思います。

デジタル化への対応というところで、マイナンバーカードの代理申請手続き事業というのも日本行政書士会連合会でやっておりました。こちらは総務省から委託を受けた事業です。マイナンバーカードって、自分でやればいいじゃんと思われる方もいらっしゃると思うんですけど、なかなか普段お仕事が忙しくて、役所に2回行けないという方もいます。取りに行くのはいいんだけど、2回行くのは難しいよって方もいらっしゃる。そもそも施設とか、ご高齢の方で、体が不自由の方で、なかなか行けない方もいらっしゃるんですね。そういう方たちを、例えば今回でいうと、ワクチンの接種会場とか、自治体とか、あるいは、地域の金融機関とかと一緒に協力をして、相談員を派遣したり、そこでスマホで写真を撮って、代理申請を行うということをやっておりました。ここで課題の一つとして、「高齢者とデジタル化」っていう問題が1つあるのかなというのが、私の感想でございます。

続きまして取り組みの2つ目ということで、これは、さっき高橋先生からもお話ありましたけれども、災害時の支援ということになります。東日本大震災のときについては、まずは避難ですよね。避難して、命、自分の生命とか安全を確保できた後は、その後、いろんな相談、いろんな問題が発生してきます。東日本大震災のときに多かったのが、被災自動車、これは抹消登録をする必要があるんですね。使えなくなった自動車がたくさんあったと思うんですけれども、抹消登録をどうにかしないということで、国土交通省といろいろ話し合って、それをやっておりました。時間が経過するとともに、例えば外国人の在留に関する相談とか、住民票、戸籍に関する相談とか、相続関連の相談とか、いろんな相談があった。原子力の損害賠償支援機構が行う仮設住宅の巡回相談等にも相談員を派遣したということでございます。

このときはまだ会の中でも、そういう震災時にどういう活動を行うかというのは、正直、まだ、そこまで確立できてなかったという部分があります。その後、熊本地震というのが平成28年に起こりまして、このときに主にあったこととして、地震なので、例えば家屋が倒壊したりとかということが出てきます。皆さん、罹災《りさい》証明書ってご存じですかね。家屋とかが壊れたときに役所から発行してもらうものになります。発行してもらうだけじゃなくて、罹災証明書がないと、例えば仮設住宅に入るときとか、あと給付金とか支援金をもらうときに、それが必要になってくるという手続きが結構あります。

ご自身が役所とかに行って、添付書類を持って、罹災証明書を申請できればいいんですけれども、なかなかご自身で行けないという方も多数いました。そのへんの発行申請を無料で代行するとともに、熊本の場合は役所、発行するサイドにも、私たち行政書士が入って、役場も、役所の方自身も被災をされていたりとか、いろんな状況下の中で発行も急がなきゃいけないんですね。申請はばんばん来るので。そのへんのお手伝いも行政書士がさせていただいておりました。あとは台風とか豪雨災害もありますので、そういうときにも自治体と防災協定に基づいていろんな活動をしてきました。その中で「高齢者と災害」というのを、2つ目の課題として挙げさせていただいております。

あとは3つ目の取り組みですね。こちらは成年後見制度の普及、利用促進ということで、ここに関してはいろんな士業が今、普及、促進に努めているかと思います。私も平成24年に行政書士登録をして、後見人を結構、数をやらせていただいているんですけれども、法律行為だけですべてできるかってなかなか難しいんですよね、正直。身上保護という観点からいくと、テキストに書いてある法律行為だけですべてができてしまうかというと、決してそうじゃないという世界が成年後見としてあって、そこはいろんなものを悩みながら、考えながら、その都度やっているというのが現状です。この流れの中では、課題として、「高齢者と身元保証」というのが、３番目の課題として挙げさせていただいております。

高齢者とデジタル化ということで、デジタル化によってたくさんの方が恩恵を受けられるというのも、すごいメリットだと思います。ただ、誰１人取り残されない、人に優しいデジタル化ということで、取り残されてしまう方がいないようなデジタル化を目指していかなきゃならないというところです。デジタルの活用状況についても、まだ、これ２０２０年の内閣府の調査に基づいて総務省が作ったものですけれど、70代以上だと、半数以上の方があまり利用してないというデータになっております。70代以上の方の半数以上の方が、あまりスマートフォンとか、タブレットとか利用してないという結果になっております。今、ちょっと利用率は高まっているかと思うんですけれども、単身世帯とか、あと高齢者のご夫婦だけの世帯が増えているとすぐに聞けないじゃないですか。やり方がわからなくなって、一緒に住んでいればどうやるのって、聞けるかもしれないですけど、そうじゃない世帯が増えている中で、なかなかそのへんが難しいというのが現状としてあります。

今、公正証書のデジタル化というのが検討されていまして、私は法務省の実務家の協議会の委員で、ちょうど検討、協議会でいろいろと検討しています。もうそろそろ取りまとめになって、今後、法案が提出されると思うんですけれども。公正証書がデジタル化される中で、当然、離島とか、豪雪地帯とか、なかなか公証役場に行けない、あるいは公証人の出張が難しいという所については、当然、デジタル化で、ビデオ通話等で公正証書の遺言とか、任意後見ができるというのはメリットがあります。だけど、そのときにオンラインでそれをやることについて、いろんな問題点があるんじゃないかというところで、今、いろいろと実務家と法務省のほうで話し合っているところでございます。

あとは課題の2、高齢者と震災。もともと高齢者というのは、災害基本対策法でも、要配慮者というふうに定義をされております。さっき言った罹災証明書、これは申請がないと当然、交付もできないわけですよ。だけど、なかなか一人暮らしの高齢者や、体が不自由で、市役所の窓口に行くことが難しいという方が実在するんですね。罹災証明書、一つ取るのであっても。熊本の地震のときには無料代行を会のほうで行って、これも300件近く、無料代行申請を行ったそうです。新聞とかで無料代行やりますよとかニュースとかで流して、それで見た方はご連絡いただいたかもしれないですけれども、それできなかったという方もたくさんいらっしゃるのかなと思っております。

震災のときに、要配慮者の住宅の確保という問題が当然出てくるかと思います。最初は避難所に入ったとしても、その後、仮設住宅なり、あるいは民間のどこかの住宅に、家に帰れない場合は入るというところが出てくると思うんですけれども。それをどうやって把握して、かつ、住宅の確保を誰が行うかというのが、結構な課題になってくるのかなと思います。もっというと、入った後、その後のアフターケア、被災者の支援というところも、さっき災害関連死について高橋先生からもお話があったと思うんですけれども、その後も誰がどうやって、ちゃんと見ていくかというのも、一つの災害時の高齢者に関する課題かなと思っております。

高齢者と住まい、そもそも震災時じゃなくて通常の状態であっても、高齢者はなかなか住まいを確保しにくいという問題があります。住宅セーフティーネット法というところで、住宅確保要配慮者として、そもそも低額所得者とか被災者と同じように、高齢者、障害者、子育て世帯というのが規定はされています。だけど、大家さんの実感として、単身で、ご高齢者の方を積極的に受け入れるかというと、なかなか拒否感が強いというのも現実問題としてあります。支払いはどうするんだろうとか、そこでお亡くなりになっちゃった場合はどうするんだろうという問題が、絶えず大家さんのほうにもあるので。だから、登録制度という制度もできてそこを進めようとして、住宅セーフティーネット法も改正されて、そこに向かってはいますけれども、現実問題として進んでいるかというと、なかなか難しい。なので、私が例えば相談を受けて、今の所は大きいし、病院からも遠いから近い所に引っ越したいという方がいて、一緒になって賃貸の所を探そうと思っても、なかなか難しいというときもあります。

続きまして課題3として、高齢者と身元保証。身寄りとか、頼れるご親族がいらっしゃらない高齢者というのも増えてきている印象です。そういう方たちについては、例えば施設に入所するとき、あるいは病院に入院するとき、身元保証を求められるんですね。ご家族がいればご家族、ご親族がいればご親族なんですけれども、そうじゃない方については、どうされますか、どなたかいますかという問題があります。そもそも、その方が施設に入りたいというときに、選択肢が狭まっちゃうんですよ。誰も代理人がいない状態、誰もその人に関わる人がいない状態だと受け入れてくれる施設というのも、選択肢が狭くなるので、ご相談がその段階であることもあります。

判断能力が低下していて、既に法定後見を利用されている方は、後見人等が事務を行うんですけれども、今お元気で、誰も特に必要としていないけれども将来的に、誰が代理人になっていくかという問題も出てきます。お一人さまの場合は、例えば、そこで終身の施設に入って、そこでお亡くなりになった場合に、ご遺体を誰が引き取りますか、部屋の明け渡しは誰がしますかというのは、必ずついて回ってくる部分になります。それをあらかじめ決めておく、自分の希望、意思に従って、この人に任せとくというための任意後見制度もありますけれども、これはこれで周知とか、これから皆さんに広めていく必要あるのかなと思ってますが。これ、生活保護の方とか、あるいは低所得者の方はなかなか使いづらいんですね。親族とか、身寄りがいればいいですよ。そうじゃなくて、士業とかとそれを結んでやろうとしたときに生活保護費から、報酬等が支払えるかといったら、それできないというところなので、そういう方については任意後見という選択肢は、なかなか積極的には取れないという現状があるのかなと思います。

エンディングノートというのは、将来的に自分にとって、どういうことが問題として起きてくるであろうか、そのときにその問題に対して自分はどういう選択をしたいか、その選択をするためにどういう備えをしておくかを考える一つのツールだと思います。エンディングノートの呼び名は別として。もうちょっとすてきな名前があればいいのになって、いつも思うんですけれども。行政書士会でもいろんなセミナーとか講座で、エンディングノートのお話をしているところです。

私は横浜商科大学という所で、研究員としてエンディングノート作成に携わって、区とも一緒にエンディングノートの講座をやったんですね。そのときに、それを大学の授業の一つにしようということで、学生の方にも聴いていただきました。正直、エンディングノートって最初いわれても、何のことだろうと。でも、一つひとつ、これってこういうことが起きるかもしれないから、こういうこと書いておくんですよ。あるいは、ご高齢の方ってこういう問題が発生しやすいんですよって、一緒に確認していくことによって、そういうことがあるんだなっていうのが、皆さん、自分のおじいちゃん、おばあちゃん想像しながら聴いていただいて。最終的には皆さん卒業されて、いろんな企業とかに入ってくるんですけれども、そういった高齢者の理解をする学生、あるいは若者を増やしていくというのも、一つ重要なことじゃないかなというふうに思っております。

ジェロントロジーと高齢者法についていろんな取り組みをしております。「日本行政」という私たちの会報誌なんですけれども、そこに樋口範雄先生を含めてご寄稿いただいているところでございます。人生１００年時代における行政書士として、超高齢社会の対応、デジタル化への対応、あとは成年後見制度の普及、利用促進ということで、サクセスフルエイジングを支援するために、身近な街の法律家、５万人の地域的に偏在が少ない街の法律家として、どういった法務サービスが今後も提供できるか。相続・遺言・成年後見という縦割りだけではなくて、もっと幅広いジェロントロジーであったり、高齢者法の知識が私たちにも必要だと思いますので、そこを皆さまにいろいろと教えていただきながら、行政書士としても携わってまいりたいと思っております。最後までご清聴ありがとうございました。

（ガラニス先生講演は本稿では割愛しました）

金　それでは最後に結びといたしまして、改めて本シンポジウムの実施責任者、樋口先生よりお言葉を頂戴したく存じます。樋口先生、よろしくお願いいたします。

樋口　スケジュールでは短い結びになっているんですが、きょうのお話を短くまとめるのは大変ですね。しかし、教えられるところがたくさんありました。

まず第1点目は、高齢者法学というものをどう考えたらいいのかというので、先駆者の関さんのお話では、まず生活保護の要件の在り方などから始まって、それは生活保護制度を作った時代と今が違っているから、その時代の年齢の感じで、65歳とかいうことで今も制度を作っている点が重要ですね。高齢者の中身が変わっているので、年齢による差別がいっそう切実な問題になっています。社会もその構成員もこれだけ変わっているのに、ルールが昔のままでそういうことになっているということを、むしろ、どう考えたらいいかという話だと思うんですが。

同時に、きょう、実務家の方々にいろんな話を聞いて、結局、そういう時代遅れの実体法と、それ以外の法にも問題があるという視点が見えてきたと思います。それぞれの実体法だけの話ではとどまらない。結局、高齢者の所へどういうリーガル・サービスがいくかというシステムとかの、支え合うとか、寄り添うとかいう、そういう仕組みが実際は大事です。これが大事なんです。そのようなリーガル・サービスを提供するシステム・仕組みがないと、結局、実りがないという話になると考えました。そのときに、まさに実務家の人と一緒になって考えていくということが必要なんじゃないか、そしてそのためにどういう仕組みを作るかということですけれど。

２つ目は寄り添うというので、特に根本さんの話では、いったん法律問題が解決、あるいは中止になったというので終わりじゃないんだというお話がありました。実はという話で、最後まで寄り添うというお話があってですね。これは現場に立ってみれば、これで判決が出ました、終わりですという話では実はないのかなと感じました。一方で、私は、そっちのほうを強調しているんですけれども、岡本さんの話なんかでは紛争になってからでは遅いというか、行政書士の方には紛争解決の場面では大きな出番はないわけですね。予防法務というところが重要で、高齢者の場合は紛争に巻き込まれたくないんです、ライフプランニングというような話を事前に寄り添ってという話がもっとできないと、自分1人でエンディングのことを書けといわれても、なんだかなという感じなんです、高齢者になっても。だから、寄り添い方に、事前のリーガル・サービスの重要性がある。同時に、事後的にも、本当に最後まで寄り添う必要があるという側面もあるんだということが、きょう、私が感銘を受けた2点目です。

3つ目は、その中で高齢者は主役になってもらいたいですね。ずっと脇役というのも人生だと思いますけれど、高齢者になったらみんな脇役にいけというのは、ちょっと、本当にこの超高齢社会にはふさわしくない。だからこそ、自己決定支援という話が出てきているので、それをどういう形でやっていくかというので、きょうも助け役というんですかね、アドバイス役という形で、弁護士さん、司法書士さん、行政書士さん、もちろん他にもおられるわけですよね、いろんな形の専門家が。信託銀行の方も来ておられるので、そういう事業者も同じだと思うんですけれど、そういうところへどうつなぐかという話が実は最も喫緊の課題かもしれません。

例えば、きょうのこれはアメリカとの比較でははっきりしているんですが、3つの士業が分けられちゃっているわけですよね。それで、協力してチームをつくって、助けてくれるという話になると本当にありがたいんだけれども、それがかえって、縦割りみたいな話になってしまうとどうなのかなという、そういうところにちょっと日本の問題があるのかなと感じました。

ただ、繰り返しになりますが、今日の皆さんのご報告には興味深い点が多くありました。まず78歳でも資格、試験に合格できるというお話があり励まされました。

ともかく、きょう、最後に一つだけですけれども、私、医療の学会に参加させてもらっているんですね、20年ぐらい。先週も、ちょっと集中医療学会という所へ行ってきたんですけれども、医学の学会は、お医者さんと看護師さんが来るんですね。日本の学会の話で、普通のという言葉がいいのかどうかわからないんですけど、開業医の方が来るんですよ。それぞれ、医局やなんかの制度とのつながりがあるからだと思うんですけれどもね。だから、全国からそうやって集まってくるわけです。その分野において一番、進んでいる研究は何なのかということを聴きにくるんですね。もちろん、同窓会的な雰囲気もあると思うんですけれど。

日本においては、私が知っているような法律の学会では、裁判官は来ません。１人だけ加藤新太郎さんというちょっと面白い裁判官がおられて、学会にも熱心に来られていました。でも、本当にいい意味で、変わり者だといわれているわけです。弁護士さんも来ないですよね。検察官はもちろん来ない。このように法律の学会は、医療の学会と違って、実務家が参加することが極めて少ないのです。実務とこれだけ離れていて、本当の意味で社会にある法という話ができるのかどうかという、そういうことも別に高齢者法という分野でなくてもいいんですけれども考えてみる必要があります。ただ、新規あるいは新奇な分野である高齢者法というところで、その問題点がより明確に出てくるようだと、そこにも高齢者法の意義ありということになる可能性もあります。それがどうなっていくかということを皆さんと一緒に、できれば私も生き延びて見届けたいと思っております。

きょうはいろんな所から、遠くから、オンラインという形でこういう試みに参加していただいて、本当に深く感謝しています。

金　樋口先生、ありがとうございました。それでは、本日のプログラムは以上となります。改めまして、本日ご講演いただいた先生方、ご参加の皆さま、ありがとうございました。

●参加者（発表順）

・金 安妮（武蔵野大学法学部准教授）
・樋口 範雄（武蔵野大学法学部特任教授）
・池田 眞朗（武蔵野大学大学院法学研究科長・教授、同大学法学研究所長）
・関 ふ佐子（横浜国立大学教授）
・根本 雄司（弁護士・弁護士法人港大さん橋法律事務所）
・高橋 文郎（司法書士・日本司法書士会連合会理事）
・岡本 祐樹（特定行政書士・日本行政書士会連合会法務業務部部員）

（2023年3月7日に開催されたシンポジウムの記録より）

第4部

古稀式のビジネス法務学

「古稀式のビジネス法務学」

武蔵野大学大学院法学研究科長・教授、同大学法学研究所長
池田 眞朗

Ⅰ はじめに——古稀式誕生の経緯

本稿では、武蔵野大学法学研究所（法学部法律学科および大学院法学研究科）と古稀式との関わり合いを述べたうえで、古稀式というイベントのビジネス法務学から見た意義を論じたい。筆者は、2022年の第1回古稀式の企画提案者の一人であるが、ことに本書収録の第2回の継続開催を強く提案した。そのビジネス法務学からの理由を、書き留めておく必要があると考えたのが、本稿執筆の最大の理由である。

武蔵野大学法学部は、2014年の開設であるが、筆者はそのカリキュラム設計や専任

教員の人選等の責任者を務めた。そして、2017年に法学部に樋口範雄特任教授を迎えるに際して、法律学科に「高齢化社会と法」という科目を樋口教授担当の科目として新設した。本学の高齢者法学の研究は、ここから開始されている。[(1)] さらに大学院法学研究科（および法学研究所）[(2)] では、同教授を中心に複数のフォーラムやシンポジウムを開催し、高齢者法学の研究を深めてきた。

実際には（樋口教授が個人で開かれた研究会を除いて）法学研究所主催のイベントがすでに3回ある。①2021年3月2日開催の武蔵野大学大学院法学研究科博士課程開設記念連続フォーラム第3回「高齢者とビジネスと法 Onlineフォーラム」がその最初で、武蔵野法学15号28頁以下（横書き179頁以下）に掲載されている（報告者は、樋口範雄、尾川宏豪、外岡潤、八谷博喜、東浦亮典の各氏で、開会挨拶・本フォーラムの趣旨を池田が述べた）。②次いで2022年3月3日に『高齢者学から実践へ――「古稀式」の開催に向けて』というシンポジウムを、本学のしあわせ研究所と共同で開催し、その記録は2022年9月刊行の武蔵野法学17号241頁以下（横書き3頁以下）に掲載されている（報告者は、樋口範雄、石上和敬、秋山弘子、辻哲夫、西希代子、小此木清、池田眞朗である）。

古稀式は、その1回目のフォーラムにおいて、当時本研究科修士課程に在籍していた（現在は博士後期課程在籍）、全国地域生活支援機構の尾川宏豪氏が、報告中に提示した「還暦式」[(3)]イベント案がその誕生のきっかけとなった。その尾川氏の「還暦式」プランに対して、筆者らが、人生100年時代に「還暦式」では早すぎるのではないかとして、10年遅らせて「古稀式」に改めて、産官学連携・地域貢献型の大学イベントとしての提言をしたものである。これが2022年秋の第1回古稀式（武蔵野大学しあわせ研究所主催）につながった次第である。第1回の古稀式は、市民参加型のイベント（古稀を祝いつつ高齢者がよりよく生きるための学びを得る）として考案され、2022年9月11日に、西東京市、武蔵野市等4市の後援を受けて、成功裡に実施された（基調報告は樋口恵子氏、その後10の分科会に分かれて、多数の市民の聴講を得た[(4)]）。

さらに法学研究所としては、③2023年3月7日には、第2回古稀式実現のキックオフイベントに当たるシンポジウムを、法学研究所と実務家教員COEプロジェクト[(5)]の共催として「高齢者法のカリキュラムと実務家教員の活躍の可能性——これからの『高齢者法学』の確立を目指して」を開催し（登壇者は池田眞朗、関ふ佐子、根本雄司、高橋文郎、岡本祐樹、樋口範雄の諸氏）、この内容は、武蔵野法学19号に掲載されている。[6]
したがって、法学研究所（法学研究科）としては、「古稀式」のきっかけを作り、それをしあわせ研究所にいわば移譲した形を取ったわけである。もちろんそれは、「古稀式」が「高齢者学」の実践形態であり、「高齢者法学」は「高齢者学」の一部に過ぎない、という関係性からは当然といえることであった。法学研究所長としては、立派なイベントに仕立ててくださったしあわせ研究所に深く感謝を申し上げる次第である。
ただそこで私が第2回古稀式（2023年9月30日実施）の開催を強く提言した理由は、以下に、ビジネス法務学からの考察として詳述したい。もちろん、法学研究所および大学院法学研究科としては、高齢者法学を法学研究科の3つの重点研究課題[7]の一つに挙げており、今後も考究を続けていく所存である。

Ⅱ　古稀式のビジネス法務学的意義

古稀式それ自体の紹介は、本書収録の各論稿がそれを再現しているので、ここでは言及しない。以下では、そのビジネス法務学から見た意義を述べる。ただその前に、そもそも私の言う「ビジネス法務学」がいかなるものかの概略を説明しておく必要があろう。

1 ビジネス法務学の概要

詳細は別稿[8]に述べたところであるので、それらをご参照いただきたいが、本稿では、その概略をご紹介する。[9]

要するに、「ビジネス法務学」は、これまでほとんど「学」として語られてこなかったビジネス法務（企業法務や金融法務の総体を指す言葉として用いておく）を、「企業取引や金融取引を法的な側面から見て効率的に推進して企業等に利益をもたらす技法やノウハウの集合」というようなイメージから一新して、ＳＤＧｓやＥＳＧを必須の考慮要素とする新たな学問として構築し、この変化の激しい時代に、当事者の創意工夫を広義の契約（当事者間のルール）でつないでいくことを要諦とするものである。そして、何より重要なことは、ビジネス法務学は、企業や金融機関の利益追求の研究ツールではなく、環境や人権などにも配慮した、「人間社会の持続可能性に貢献する学問」として設計され定着しなければならない、ということである。

まず、ここでいう「ビジネス法務学」は、「ビジネス法学」ではないことを明らかにしておきたい。ビジネス法学は、結局、ビジネスにかかわる民法や商法、会社法、金融商品取引法などを研究しまた教える、法律学の一つのカテゴリーに過ぎないことになる。しかし、「ビジネス法務学」は、旧来の法律学とは明らかに別の学問として構築されるのである。

次いで、ビジネス法務学は、「法律学の実務への架橋」というごとき、法律学に従属する存在ではない、ということも明示しておく必要がある。今日、伝統的な法律学は、解釈学偏重の、いわば出来上がっているルールを研究し教授する、その意味で静態的な学問になってしまっている。さらに、急激な変革の時代にあっては、法律の制定・改正が社会変化に追いつかず、法律による社会コントロールそのものが十分に機能しなくなる可能性がある。これに対して、これから確立されるべきビジネス法務学は、社会の動態をとらえて対処しようとする学問なのである。ここに、法律学とビジネス法務学の決定的な差異がある。

そして、ビジネス法務を「学」として探究することになると、当然、目先の利潤とか収益とかの指標を超えた、ビジネス法務の理念や、倫理を論じる必要が出てくる。そこに大きな関係を持ってくるのが、ＣＳＲすなわち企業の社会的責任の議論であり、さらに現下の標語でいえば、ＳＤＧｓとＥＳＧあるいはＥＳＧ投資である。したがって、ビジネス法務「学」は、必然的にＳＤＧｓとＥＳＧの考察を含むことになる。

というのは、ＳＤＧｓ・ＥＳＧは、出来上がったルールではなく、これからのルールを創る「課題」なのである。それゆえ、これは既存のルールを論じる法律学では対処しきれない。そして、ＳＤＧｓの目指す、地球規模の「持続可能性」は、実は年限を切って達成させる目標ではなく、今後の人類が永遠に追究すべき、不変の理念なのである。そこにこそ、ＳＤＧｓ・ＥＳＧと、社会の持続可能性を探求するビジネス法務学の必然的結合が見出せる。

そして、以上のことは、ビジネス法務学の既存の法律学に対する独自性（さらに言うならば優位性）につながるだけでなく、ビジネス法務学が広く民民・官民の「ルール創り」を主として引き受ける学問であるがゆえに、諸学問の成果をつなぐハブの役割までを果たせるようになるというのが、私の見解(10)である。

したがって、変革の時代をリードする選別と評価、推奨というものが、ビジネス法務学の役割として設定されなければならない。以下には、その観点から、古稀式というイベントの評価と意義付けを行いたい。

2　ビジネス法務学から見た古稀式

先述のように、そもそもビジネス法務学では、社会の持続可能性に寄与する営為を重視する。そしてそのための創意工夫、つまり社会のステークホルダーたちがどうルールを創ってつながっていくかを評価し支援するのである。

その観点から見れば、第一に、武蔵野大学の古稀式は、産官学連携の一つの模範形であるということである。第2回古稀式の場合、主催が武蔵野大学しあわせ研究所、後援が西東京市、武蔵野市、三鷹市、小金井市、協賛が一般社団法人全国地域生活支援機構（JLSA）という構成であるが（なお第1回は、前述のように三井住友信託銀行株式会社とJLSAの二者が、共催という形で参加していた）、これが、大学が主体となった産官学連携の高齢者支援・地域振興の一つの理想的な構成になっているのである。地方自治体が参加者を集め、大学が場を提供して講演者等を用意し、事業者やＮＰＯ団体が実践案を提示する、という、適切な役割分担ができる形態になっているのである。

第二には、この古稀式が、政府や文部科学省が推進するリカレント教育、リスキリング教育の非常に好適な例となっていることである。リカレント・リスキリング教育は、ＩＴやＤＸの関係を中心にして企業によって行われているものも多いが、これからの大学の使命の一つと考えられるものである。ことに地域社会と連携した形で、古稀を祝う機会に高齢者の学びの機会を与えるというやり方は、地方自治体には（学びの講座と講演者を整えるという点で）、なかなかできないものと思われる（さらに言えば、祝いの機会に学んでいただく、ということも実は世代によっては容易にはできないことなのである。成人式に学びの講座を準備しても、新成人が進んで受講するかを考えてみればよい）。

もちろん、大学がいわゆる有料の市民向け講座を開講する例は多くあり、本学でも三鷹駅前のサテライト教室と本学千代田キャンパスで生涯学習講座を開催している。しかし、一日限りとはいえ、無料で、一流の講師陣を集め、高齢者の生活に必要な情報を提供する多様な講座が開講され、その中から選択して受講できるというのは、受講者にとってかなりのメリットがあるイベントと思われる。

また、最近まで武蔵野地域五大学共同教養講座というものも開催されていたが、これは、武蔵野地区にキャンパスを持つ5つの大学が毎年持ち回りで開催していたもので、講座の内容はその年に担当する大学に任されている。したがって、地域住民にとっては、関心のあるテーマで開催されるとは限らない。これでは、リカレント・リスキリングの目的は果たせず、どうしても単なる教養講座になってしまうのである（つまり、受講者ファーストの企画になっていないということである）。

さらに言えば、古稀式の第三の価値は、それが大学の地域住民へのサービスというだけでなく、世界の先進国共通の喫緊の課題を扱う新学問分野である「高齢者学」の実践の場となっているという点にある。変化の激しい時代には、学理が現実と乖離して後追いになってしまうという危険性については、わがビジネス法務学が強く指摘しているところであるが、まさに高齢者学においては、古稀式はその乖離を埋める、研究者にとっての実践と吸収の場なのである。その意味で、高齢者学ないしは高齢者法学の研究拠点を目指す武蔵野大学としては、この古稀式の行事を続け、そこから得られる収穫を蓄積して、研究の進展に生かしていかなければならないのである。

スタートは法学部・法学研究科における高齢者法学であったが、人間科学部、看護学部、薬学部を持ち、そもそも開学の仏教精神からスタートしているしあわせ研究所を持っていて、さらには2024年度からはウエルビーイング学部も開設する武蔵野大学は、高齢者学の研究拠点として、他大学に比して非常に高い適性を持つはずなのである（さらにいえば、高齢者学は本質的に学部横断的な研究分野なので、上記の各学部〈他にも経済学部や経営学部も関係しうる〉が十分に協働して、研究を推進すべきである。しあわせ研究所は積極的にそれらのハブとなるべきであろう）。

以上の次第で、古稀式は、対象となる地域の高齢者の方々だけでなく、自治体にも、主催大学にも、さらには事業者にもメリットのあるイベントなのである。まさにこの点が、「古稀式のビジネス法務学」なのである。もちろん、いわゆる高齢者ビジネスにかかわる事業者にもメリットがあると考えられるが、その点は、ビジネス法務学としては、（適切な産学連携は大いに推進すべきことは当然として）逆に、事業者の一部のいわゆるビジネスライクな利益追求には警告を与える立場にあることも、筆者が既に別稿で言及した通りである[11]。

以上の諸点から、私は、この古稀式が、武蔵野大学の主催イベントとして定着し、末永く続いていくことを、提案者の一人として強く期待している次第である。

もっとも、運営側の産官学連携がうまく機能していても、このようなイベントを長年継続させていくためには、何よりも、参加者の方々にとっての、イベントとしての魅力が、年ごとに明確に存在しなければならない。ここが、永続させるために一番重要なことであろう（実際、地方自治体だけの試みでは長続きしなかったことが報告されている[12]）。そのためには、やはり後述するように、実施の中心となる大学が、研究機関としてしっかりした研究リーダーの下に研究成果を出し続け、「あの大学が実施するなら」という評価の下に、他大学や他の専門家から魅力的な登壇者を集め続けられる、ということが何より重要になると考える。

3　大学のビジネス法務学と古稀式

さて、本稿では、実はここからが「ビジネス法務学」の本領を示すところなのである。

先述したように、ビジネス法務学では、そもそもの本質論から課題解決を探求する。その観点からすれば、大学主催のイベントは、大学それ自体のビジネス法務学から評価・検討しなければならない、というのが当然の論理となる。つまり、「古稀式のビジネス法務学」は、「大学のビジネス法務学」の問題に帰着するのである。

２０２３年６月23日の日本経済新聞17面に、「増える日本の大学、大丈夫か」という小さな記事（署名は与次郎）が載った。同年秋以降に政府の大学再編策に関する大型記事が載る半年近く前のものである。その記事はまず、「日本の大学は国立、公立、私立大学合わせて１９９０年には約５００あった。２０２２年には約８００まで増えた」「少子化と18歳人口の減少が十分な角度を持って予測され議論されていたにもかかわらず、大学はこの30年で６割増加した」と書いている。さらに、過去30年で国立大学は減っているのに、「私立大学は６２０まで約２４０増え、公立大学も60増えた」と指摘する。一方、記事も掲げるところだが、厚生労働省が２０２３年６月に発表した「人口動態統計」によると、２０２２年の出生数は過去最少の約77万人である。これを全大学の現在の入学定員と比べてみれば、問題は歴然とする。

では大学はどうしたらよいか。ビジネス法務学からすれば、答えは二つある。

ひとつは、「オンリーワンでナンバーワン」の研究・教育分野を持ち、その分野では代替できない唯一無二の存在と認められるようになることである（これは、たとえば地方金融機関のビジネス法務学で言えることをそのまま「大学業界」にスライドさせた発想である）。

もう一つは、18歳正規入学人口が減るのであるから、それより上の世代の学習者を、たとえば科目等履修生の形で受け入れることである。ちなみにわが大学院法学研究科は、既にこの科目等履修生制度を強化し、社会人科目等履修生を毎年受け入れてリスキリング教育を実践しているばかりでなく、法学部法律学科4年生にも選抜して奨学金を与えて無料で大学院の科目等履修生になれる制度を運用している。(13)

本稿が述べたいのは、「古稀式」は、この二つの方策のいずれにも適合する、ということなのである。大学として管見の及ぶ限りで「オンリーワン」のイベントを産官学で開催して超高齢社会に対応し、かつそこに参加した高齢者やその家族から、科目等履修生を受け入れて社会評価にもつなげる。まさにこれは、私のビジネス法務学がいう、「創意工夫を広義の契約でつなぐ」ことの実践なのであって、大学としては、大学過剰の少子高齢化時代に非常に適切な対応策といえるものなのである。

武蔵野大学は、女子教育機関として発足してから2024年に創立100年を迎えるのだが、大学としては2004年に女子の単科大学を共学化して総合大学への道を進み始めた新興の大学である。研究所関係の業績としては、経営母体にかかわる仏教の研究所を別とすれば、歴史の古い能楽資料センター(14)が現状では最も当該分野の国内での評価の高い存在かと思われるが（研究面だけでなく公開行事の実績もある）、西本照真学長が作られ、私も特別顧問になっている「しあわせ研究所」は、まさにこれからしあわせ学の「オンリーワンでナンバーワン」を目指せる地位にある。もちろん研究所としてさまざまなアイディアはあろうが、単に学部学科横断的に大学内の多数の教員を研究所に集わせるだけでは意味がないのは言うまでもない。わが国の大学の中で唯一無二の研究機関と評価されるようにならなければいけないのである。

ことは大学の持続可能性の問題である。古稀式は、その「しあわせ研究所」の研究のコアになり、かつ、各学部学科をつなぐハブになれる（ここもビジネス法務学が重視するところである）可能性を持つ。これが、私が古稀式イベントを、そしてその継続を、強く推奨する真の理由である。

Ⅲ　エピローグ

２０２３年９月30日、私は武蔵野大学の西東京のキャンパスで開かれる第２回古稀式を、参加者目線で見届けようと、開始30分前には会場に到着できる程度の時間に、三鷹駅からバスに乗った。私の後から、年配のご夫婦が乗り込んできて、進行右側前方の、進行方向を向いた一人用優先席に前後して座られた。すると、お二人の目の前の、運転席の背にあるデジタルサイネージに、ちょうど古稀式の案内が現れたのである。それに気が付いた奥様のほうが、小さく声を上げて嬉しそうにご主人を振り返って、画面を指差しながら、バッグから古稀式のチラシを取りだした。お二人はそこから、どのセッションに出るのかをあれこれと話しておられるようだった。

このお二人の笑顔こそ、と私は思った。70年前後の人生を生きて、土曜の昼過ぎのバスにご夫婦で乗って、柔らかい午後の日差しを浴びながら、これから向かう古稀式のことを楽しげに話し合う。その一瞬をお二人に提供しえたことで、武蔵野大学はすでに、（少なくともこのご夫妻にとって）ささやかながら代替できない社会貢献機関となりえたのである。

武蔵野大学のブランドステートメントは、「世界のしあわせをカタチにする」である。古稀式が、この大学こそそのイベントとして定着し、毎年、このご夫妻が見せてくださったような笑顔を再生産できるとすれば、大学としての、そして何よりその「しあわせ研究所」としてのミッションがひとつ達成できていると言ってよい。

「古稀式」が、地域の人々に貢献するイベントとして、武蔵野の地に根づき、永く開催され続けていくことを願うばかりである。

【注】

(1)これは、高齢者法としては全国の法学部でも早い時期の科目設置である。管見の及ぶ限りでは、２００３年からの横浜国立大学における関ふ佐子教授（当時）の高齢者法の講義を嚆矢とし、樋口範雄教授の東京大学での２０１３年からの講義（東京大学で創設に加えられた高齢社会総合研究機構で、大学院教育プログラムとして開始されたと聞く）に次ぐものではないかと思われる。なお法科大学院では慶應義塾大学で２０２１年度に高齢者法が設置されたとのことで、これについては、西希代子「高齢者法を教えてみて」武蔵野法学17号１９９頁（横書き45頁）以下参照。

(2)他大学では、研究所は多くの場合、学部・大学院と別組織の研究機関であるが、本学では、逆に学部と大学院を包摂して予算管理等を行う組織になっており、以下の法学部・法学研究科関係のフォーラムやシンポジウムも、基本的に法学研究所が主宰している。

(3)尾川宏豪「老後生活安心プラン」武蔵野法学15号２１０頁（横書き１９７頁）以下の、２０２〜１９８頁（横書き２０５〜２０９頁）に紹介されている。尾川氏は、いわゆる「終活」に「繍活」という表記を当てて、このイベント案を紹介している。尾川氏によれば、還暦式の取組みは２００５年の長崎県壱岐市のものが最初とされる。なお尾川氏は、一般社団法人全国地域生活支援機構（ＪＬＳＡ）の理事を務めつつ、現職は、慶應義塾大学経済学部経済研究所ファイナンシャル・ジェロントロジー研究センター（駒村康平センター長）特任講師をされている（現在武蔵野大学大学院法学研究科博士後期課程在籍中）。

(4)その成果は樋口恵子＝秋山弘子＝樋口範雄編著『しあわせの高齢者学』（弘文堂、２０２３年）として出版されている。なお第１回は、三井住友信託金庫株式会社と一般社団法人全国地域生活支援機構（ＪＬＳＡ）の二者が共催として加わって開催された。

(5)「実務家教員ＣＯＥプロジェクト」は、２０１９年度から２０２３年度までの5年間、文部科学省の「持続的な産学共同人材育成システム構築事業」の一つとして、社会構想大学院大学（当初校名社会情報大学院大学）を中核拠点校とし、本学と日本女子大学、事業構想大学院大学の３校を共同申請校として実施されたもので、本学ではもっぱら法学研究所がその事業執行を担当し、当時副学長であった筆者池田が執行責任者となった。本学は、とりわけ大学院レベルで、まずはビジネス法務のプロフェッショナル人材について、大学等実務家教員を養成することを当初のプロジェクト分担目標とした。5年間のプロジェクトの報告書にあたる書籍は、これまで①池田眞朗編『アイディアレポート　ビジネス法務教育と実務家教員の養成』（武蔵野大学法学研究所、２０２１年）、②池田編『実践・展開編　ビジネス法務教育と実務家教員の養成２』（武蔵野大学法学研究所、２０２２年）、③池田編『実務家教員の養成―ビジネス法務教育から他分野への展開』（武蔵野大学法学研究所、２０２３年）の３冊が出版されており、プロジェクト掉尾の総集編として、池田編『実務家教員の養成―ビジネス法務教育からの展開』（武蔵野大学法学研究所）が２０２４年３月に出版される予定である。

(6)武蔵野法学19号３２４頁（横書き3頁）以下。冒頭の問題設定として池田眞朗「高齢者法学における研究者教員と実務家教員の協働」、次いで関ふ佐子教授の基調講演が「高齢者法のカリキュラムの模索」、続いて「士業や実務家からの報告」として根本雄司（弁護士）、高橋文郎（司法書士）、岡本祐樹（行政書士）の諸氏が報告し、結びを樋口範雄教授が担当した（司会は金安妮本学准教授）。

(7)金融（担保）取引、ＳＤＧｓ・ＥＳＧとビジネス法務学、それにこの高齢者法学である。ちなみに第一の金融（担保）取引については、本学法学研究所叢書第２巻の池田眞朗編『検証！ＡＢＬから事業成長担保権へ』（武蔵野大学出版会２０２３年７月）が、第２のＳＤＧｓ・ＥＳＧとビジネス法務学については同じく法学研究所叢書第1巻の池田編『ＳＤＧｓ・ＥＳＧとビジネス法務学』（武蔵野大学出版会２０２３年３月）が、その成果物として挙げられる。

(8)池田眞朗「これからのＳＤＧｓ・ＥＳＧとビジネス法務学」池田編『ＳＤＧｓ・ＥＳＧとビジネス法務学』（武蔵野大学出版会、２０２３年３月）1頁以下、同「変革の時代の民事立法のあり方とビジネス法務学」池田編『検討！ＡＢＬから事業成長担保権へ』（武蔵野大学出版会、２０２３年７月）１頁以下、同「ビジネス法務学の確立とそのハブ構想」武蔵野法学19号２７４頁（横書き53頁）以下参照。

(9)以下は主に池田眞朗「ビジネス法務学の確立へ」（巻頭言「風をよむ」）金融法務事情２２０９号（２０２３年5月10日号）１頁の記述を基にして加筆補正したものである。重複する表現のあることをお断りしておく。

(10)池田眞朗「ビジネス法務学の確立とそのハブ構想」武蔵野法学19号（２０２３年9月）２７４頁（横書き53頁）以下参照。

(11)池田・前掲注10）２４７頁（横書き80頁）参照。

(12)実際、まず実施母体が地方自治体だけの場合、なかなかこのような行事が永続的に開催できないことが報告されている。尾川・前掲注3）論文は、還暦式のケースについて、「（還暦式は）参加率が低く、自治体側も予算を確保できずに、1回や数回で終わってしまう事例がほとんどのようです。現在まで10年間継続してきたのは、私が知る限り、神奈川県海老名市くらいです」と述べている（尾川・前掲注3）「老後生活安心プラン」２００頁（横書き２０７頁）。

(13)この奨学金は、当初ＡＢＣ（Ariake Business Challengers）奨学金と命名して２０２０年度から開始し、学部生の起業意識を醸成する目的で、実務家教員・研究者教員混成のオムニバス科目「起業ビジネス法務総合」などを中心として科目等履修生に与える奨学金として設定したが、現在は、大学全体の奨学金制度に組みこまれた形になって、同科目に限らず法学研究科の一般の科目について対象となっている。

(14) 武蔵野大学能楽資料センター研究所（三浦裕子所長）は、2022年に開設50周年を迎えており、毎年、一般公開の狂言鑑賞会なども行っている（武蔵野大学武蔵野キャンパス（西東京市）にある雪頂講堂には、可動式の能舞台設備があり、毎回の鑑賞会には収容定員をはるかに超える参観希望者があり、抽選を行っている。このような地域貢献の公開行事が、第1回・第2回の古稀式の成功の基礎にあることも想像に難くない）。ちなみに筆者が関係した同センターの公開イベントとして、開設四五周年記念特別講座「ようこそ幽玄の世界へ——能楽の魅力と研究の過去・現在・未来——」（講演会記録、羽田昶客員教授、三浦教授との共同執筆）武蔵野大学能楽資料センター紀要29号（2018年3月）158頁以下がある。

◎編著者・執筆者紹介（執筆順）

秋山　弘子（あきやま・ひろこ）

東京大学名誉教授・東京大学高齢社会総合研究機構客員教授・東京大学未来ビジョン研究所センター客員教授

イリノイ大学Ph．D、ミシガン大学社会科学総合研究所研究教授、東京大学大学院教授（社会心理学）、東京大学高齢社会総合研究機構特任教授、日本学術会議副会長などを歴任後に2020年から現職。老年学を専門とし、人生100年時代にふさわしい生き方と社会のあり方を追求。主著は『新老年学［第三版］』（東京大学出版会・2010年）など。

駒村　康平（こまむら　こうへい）

慶應義塾大学経済学部教授・ファイナンシャル・ジェロントロジー研究センター長

慶應義塾大学大学院経済学研究科博士課程単位取得退学。博士（経済学）国立社会保障・人口問題研究所（社会保障研究所）研究員、駿河台大学経済学部助教授、東洋大学経済学部教授を経て、2007年4月より現職。経済学者。社会政策を専門とし、加齢と経済活動に関する社会保障制度改革、少子高齢化社会における社会保障制度改革、加齢と経済活動に関する金融ジェロントロジーの研究などを行う。著書に『日本の年金』（岩波書店）、『エッセンシャル金融ジェロントロジー』（慶應義塾大学出版会）など。

菅原　育子（すがわら・いくこ）

西武文理大学サービス経営学部准教授・東京大学未来ビジョン研究センター客員研究員

東京大学大学院人文社会系研究科博士課程単位取得退学。博士（社会心理学）。東京大学高齢社会総合研究機構特任助教、東京大学高齢社会総合研究機構特任講師、東京大学未来ビジョン研究センター特任講師を経て、2021年より現職。専門分野は社会心理学、社会老年学。

著書に『女性のからだとこころ：自分らしく生きるための絆をもとめて』（分担執筆　範囲：pp 199～218・金子書房・2012年）、『地域包括ケアのまちづくり：老いても安心して住み続けられる地域を目指す総合的な試み』（分担執筆　範囲：pp59～69、pp172～184・東京大学出版会・2020年）、『地域教育経営論：学び続けられる地域社会のデザイン』（分担執筆　範囲：15章・大学教育出版・2022年）、『60歳から幸せが続く人の共通点：「老年幸福学」研究が教える』（共著・青春出版社・2023年）、など。

葛岡　英明（くずおか・ひであき）

東京大学大学院情報理工学系研究科知能機械情報学専攻教授・東京大学バーチャルリアリティ教育研究センター教授・VR／メタバース実践寄付研究部門特任教授・高齢社会総合研究機構教授・次世代都市国際連携研究機構教授

1962年生まれ。東京大学大学院博士課程修了　博士（工学）。筑波大学教授、2019年より現職。遠隔対話システム、ソーシャルロボット、バーチャルリアリティ、ヒューマンコンピュータインタラクションに関する研究に、工学、認知科学、社会科学などを融合させた学際的なアプローチで取り組む。主著に『認知的道具のデザイン』（共著・2001年）、『ヒューマンコンピュータインタラクション』（共著・2002年）、『芸術の生まれる場』（東信堂・2009年）、『Media Space　20＋Years of Mediated Life（Computer Supported Cooperative Work）』（Springer・2009年）、『バーチャルリアリティ学』（工業調査会・2010年）など。

樋口　範雄（ひぐち・のりお）

武蔵野大学法学部特任教授・東京大学名誉教授

1974年東京大学法学部を卒業し、助手となる。1978年学習院大学法学部専任講師、助教授、教授、1992年東京大学大学院法学政治学研究科教授を経て、2017年定年退職し、同年から現職。専門分野は英米法。主著は『超高齢社会の法律、何が問題なのか』（朝日新聞出版・2015年）、『アメリカ高齢者法』（弘文堂・2019年）、『アメリカ家族法』（弘文堂・2021年）、『アメリカ契約法［第三版］』（弘文堂・2022年）など。

根本　雄司（ねもと・ゆうじ）
弁護士法人港大さん橋法律事務所弁護士
早稲田大学大学院法務研究科卒業。日本弁護士連合会高齢者障害者権利支援センター成年後見制度利用促進法対応PT座長（2024年～現任）・日本弁護士連合会信託センター副センター長（2019年～現任）、神奈川県弁護士会成年後見センター運営部会副部会長（2018年～現任）など。2024年4月武蔵野大学法学部特任准教授（高齢者法・信託法）着任予定。共著として「任意後見契約×ライフプランノート作成・活用マニュアル」（新日本法規出版・2023）、『パッとわかる 信託用語・法令コンパクトブック』（第一法規・2020年）、その他「高齢者における信託実務の実態（特集高齢者と信託）」年金と経済四二巻一号（公益財団法人年金シニアプラン総合研究機構・2023）、「任意後見監督人の実務の実情」実践成年後見106号（民事法研究会・2023）など。

岡本　祐樹（おかもと・ゆうき）
特定行政書士・日本行政書士会連合会法務業務部部員（権利義務・事実証明部門）・神奈川県行政書士会理事・総務部長、（公社）コスモス成年後見サポートセンター業務管理委員会副委員長、（公社）コスモス成年後見サポートセンター神奈川県支部幹事、宅地建物取引士
行政書士登録以来、遺言・相続・成年後見等を中心に業務を行う。親族が相続で「争続」になり、1人でもこのような辛い思いをする方をなくしたいと遺言など予防法務にも力を入れている。地域包括支援センター、カルチャーセンター、大学などでの終活に関わる講座・セミナーも積極的に行う。また、大学で研究員としてエンディングノートの編集・作成に携わった経験から、エンディングノートの普及活動も行っている。

高橋　文郎（たかはし・ふみお）
1988年8月 司法書士登録
2007年5月～2015年5月 福島県司法書士会会長
2015年6月～現在 日本司法書士会連合会理事
2001年～2009年 法務省法教育研究会・法教育推進協議会委員
2023年～現在 法務省法教育推進協議会委員
【論文】『子どもに伝える「法教育」』（法律のひろば・

ぎょうせい・2004年8月)、『司法書士の法律教室活動の歩みと今後の課題』(市民と法・民事法研究会・2006年4月)、『司法書士会の法教育の取組み~市民に寄り添う法律家として』(法律のひろば・ぎょうせい・2012年10月)、『東日本大震災と原発事故後の相談活動から見えてきたもの』(市民と法・民事法研究会・2021年10月)。

池田 眞朗(いけだ・まさお)

武蔵野大学大学院法学研究科長・教授(2024年3月まで)・慶應義塾大学名誉教授

慶應義塾大学経済学部卒業、同大学院法学研究科博士課程修了、博士(法学)(慶應義塾大学)。フランス国立東洋言語文明研究所招聘教授、司法試験考査委員、国連国際商取引法委員会(UNCITRAL)国際契約実務作業部会日本代表、日本学術会議法学委員長、金融法学会副理事長等を歴任。2015年武蔵野大学法学部長・教授、2017年同大学副学長、2020年4月より現職(2024年4月より武蔵野大学名誉教授)。専門は民法債権法および金融法。主著は『債権譲渡の研究』全5巻(弘文堂・1993年~2022年)、『ボワソナードとその民法〔増補完結版〕』(慶應義塾大学出版会・2021年〔旧版・2011年〕)、『解説電子記録債権法』(編著・弘文堂・2010年)、『新標準講義民法債権各論〔第二版〕』・『新標準講義民法債権総論〔全訂三版〕』(いずれも慶應義塾大学出版会・2019年)、『民法Ⅲ――債権総論〔第五版〕』(共著・有斐閣2023年)、『スタートライン債権法〔第七版〕』(日本評論社・2020年)、『民法への招待〔第六版〕』(税務経理協会・2020年)、『民法Visual Materials〔第三版〕』(編著・有斐閣・2021年)、『プレステップ法学〔第五版〕』(弘文堂・2023年)、『SDGs・ESGとビジネス法務学』(編著・武蔵野大学出版会・2023年)、『法学系論文の書き方と文献検索引用法』(共著・税務経理協会・2024年)、『民法はおもしろい』(講談社現代新書・2024年)など。

装丁・本文デザイン　三枝未央
編集　斎藤 晃（武蔵野大学出版会）

しあわせの高齢者学 2 ～古稀式という試み～

発行日 2024 年 3 月 29 日　初版第 1 刷

著　者　樋口範雄
発　行　武蔵野大学出版会
〒202-8585 東京都西東京市新町 1-1-20
武蔵野大学構内
Tel. 042-468-3003　Fax. 042-468-3004

印刷 株式会社ルナテック

ISBN 978-4-903281-63-6

武蔵野大学出版会ホームページ
http：//mubs.jp/syuppan/